中层领导力训战

教练员工成长并产生高绩效

THE LEADERSHIP CHALLENGE OF LION'S SHARE

孙春岭◎著

中国法制出版社
CHINA LEGAL PUBLISHING HOUSE

目录 THE LEADERSHIP CHALLENGE OF LION'S SHARE

01 第一章 培育部属以提升组织绩效

领导者个人必须超越控制者角色，进入旁观境界。所以应当完善管理，让程序和规则去负责。在这一点上许多人不服气，他们不愿意改变还满嘴理由。他们很享受作精神领袖的感觉，享受与下属沟通中击败和指示下属的那种威风。长远看来，这个习惯会让他们永远无法自由（累死的命，组织水平无法提升）。

02 第二章 招聘，识别出适配岗位的人选

有些人以专家、大师自居，他们垄断对某些问题的思考，表现得不可一世，其实是害怕别人提问，因为他们说不清楚。事实上，这些理论并不高深，属于实用科学，真正搞懂的人能做到把表面高深的理论还原为大白话，最起码的一点，他们不会过度使用术语。

03 第三章 激励赋能，授权他人

领导者个人必须超越控制者角色，进入旁观境界，不能与下属竞争，也不能越俎代庖替下属思考，替下属作决策。领导者一方面致力于使下属成为独立的有自我成就激励的人；另一方面还应当成为组织的"发动机"，为组织输入深刻的激励。

04 第四章 绩效改进促动员工成长

对工具的依赖影响了我们对世界作出深刻的认知和正确的判断。绩效评估及相关工具的价值就是为我们服务，人们往往过多关注了工具的应用而忽略了其服务的对象。还有个重点是并非每个人都能评价他人的工作，资质很重要。决定评价结果是否公正客观的关键不在于是否掺杂了个人情感，而在于评价者的资质。如果评价者的资质不够，即使评价标准已被公众认可，依然会发生问题。

05 第五章 目标与计划的制订

成功率高的人往往会锁定一个大目标，然后以陆续出现的小目标来调整计划。他所有的行动是由目标来决定的。他目的清楚，但行动变化多端。

06 第六章 有效管控的保障措施

对竞争对手而言，我们更有吸引力；对客户而言，来了就走不了。这就是经营的智慧，而对管理而言，就是把已做出决定的事情做到位。

07 第七章 塑造学习型组织文化

明智的领导者是对业绩计划保持跟进；愚蠢者则总是想对下属的行为“把关”。理由就是他的确比下属“更高明一些”。但是“把关”并没有像他想的那样能够提升下属决策的效率，相反通过直接插手形成了对下属独立决策权的剥夺，他剥夺了下属“遐想、创意和产生激情的权利”。

08 第八章 团队建设的两条主线

一把手的内心障碍有两个：一个是清楚地表达自己的意志；另一个就是让组织贯彻他的意志。前者涉及政治和权力问题，后者则是团队效能及其成员的忠实问题。于是，一把手必须要有政治头脑，能全面深刻地理解现实，并发展自己的领导风格，进而把团队打造成一个高效的系统。

The Leadership Challenge of Lion's Share

第一章 培育部属以提升组织绩效

领导者个人必须超越控制者角色，进入旁观境界。所以应当完善管理，让程序和规则去负责。在这一点上许多人不服气，他们不愿意改变还满嘴理由。他们很享受作精神领袖的感觉，享受与下属沟通中击败和指示下属的那种威风。长远看来，这个习惯会让他们永远无法自由（累死的命，组织水平无法提升）。

第一章　培育部属以提升组织绩效

一、培育员工是组织发展的根本		
1. 为什么要培养员工	以组织目标为核心	帮助员工成长是为了实现组织目标
	正确对待员工流失的态度	我们都希望员工得到良好的发展
		员工成长速度超过企业的发展就会离职
		好的组织不会因员工流失而动荡
2. 员工培育的核心就是思想教育	新生代倒逼组织进化	个体化发展
		共识度下降
		去政治化
	影响员工思想而不是灌输	思想宣传应潜移默化，避免刻意为之
		加强讲故事的能力
3. 管理与培养都要因人而异	按照员工个性特点分类	
	针对个性特点匹配不同的激励手段	
二、成年人的成长多是在“受到伤害”后		
1. 很多领导习惯“自己做”	做得多想的少是常态	根据经验和直觉做判断
	培育部属也需要领导成长	得到不同的结果就要有不同的做法
2. 失败的经历能让下属获得真正的成长	让部属参与而不是做“旁观者”	舍弃“做英雄”的快感
	经历是成长的充要条件	让员工能够在失败的教训中学习、总结和成长
3. 给员工表达自己想法的机会	多听少说	鼓励员工发言，尽量不要打击
	先听后说	领导要后说少说，让员工先说多说
4. 让员工讲工作思路和工作方法，进而学会思考	让员工获得“实施自己想法”的成就感	
	针对正确的观点表达你的支持。	

三、非人力资源经理的人力资源管理		
1. 由企业战略推导业绩指标和人力资源配置	分析战略总目标到部门子目标	分解计算方法按照去年的占比
	从业绩指标看人员配置	根据人均绩效决定人员编制
2. 依据招聘流程识别岗位所需的人选	根据人均绩效审视岗位职责与人员适配度	评估人员培训、招聘还是转岗
	招聘流程与实施需要业务部门深度参与	招来的人是直接影响绩效的
	明确招聘条件、设计面试话术	在固定时间内选到适合岗位要求的人
3. 通过培训激发员工的内在动力	让员工在公司的培训中汲取能量、知识和信心	让员工在培训中为公司和产品自豪和兴奋
	让员工在培训中得到提升	不管是当老师还是当学生都能获得成长
4. 让绩效考核激发组织活力	客观公正是绩效评估的本质	考核绩效的前提是明确岗位职责要求
		考核的标准要公开透明
	绩效管理的目的是帮助员工改进工作	绩效辅导的环节不能缺失，否则就是领导失职
		绩效面谈的程序
5. 要正确认识薪酬制度的设计	内向评估	绩效制度的公平合理
	外向评估	员工收入水平要处于行业或地区的中上等水平
6. 重视员工关系管理	老板的文化品位会直接影响企业文化	负责人崇尚什么、喜欢什么、提倡什么，就可能形成什么样的文化
	做员工活动的目的是凝聚团队	活动预算能很好地提升品质和达成组织目标

第一节 ┃ 培育员工是组织发展的根本

有一次，斯隆就一个零件小部门里的技工师傅之职，开会讨论了好几个小时。会后，当时还是通用电气（GE）公司顾问的德鲁克问斯隆："您怎么愿意花4个小时来讨论这么一个微不足道的职务呢？"

斯隆说："请你告诉我，有哪些决策比对人的管理更重要？如果现在我们不用4个小时好好地安排一个职位，找最合适的人来担任，以后就得花几百个小时来收拾这个烂摊子，我可没这么多闲工夫。"

一、为什么要培养员工

案例1

江苏某企业中高层干部调研问题反馈

孙老师，您好，我听过您之前来我公司授过的课，收获很大。这次听说还是您来上课，我特别高兴，提前就调整时间，不想错过这次机会。现在我把我的问题反馈给您，希望得到您的指点：

我在用人管理方面一直以宽厚为主。比如一些在试用期的部门同事，我发现他们在工作中存在问题（比如个人团队意识不足、心浮气躁、主动性差、学习能力不强等），但我还是本着"人皆可用"的原则，只要该同事还希望好好做下去，我就给他机会，并且继续培养他。这样，组织氛围会相对和谐，中期、短期内组织的凝聚力也会较强。

但是最近一段时间，我逐步发现，这样的思路存在问题。特别是在团队的新人工作久了之后，团队意识明显不足。团队成员的学习能力一旦不足，就会导致团队的人均素质进步赶不上市场发展。同时，因为这部分团队成员已经工作了一段时间且在团队中积累了一些行业经验，所以不论是通过鼓励给予其机会还是通过优胜劣汰进行人员管理，都给团队带来一定的压力。最后，所有的压力都压在我的身上。

目前我的应对方法是自己付出更多的努力，一刻都不放松，紧盯市场，自己在外跑客户，在内梳理业务，然后通过自己的努力带动老员工的积极性，让团队继续向前。虽然这样做，我个人会很累，但能够促使团队继续前进。

但是我近期也在思考，是不是团队在组建初期就出现了一些不足，是否前期应当更加严格一些，将工作不合格的人在初期就调离团队，以保证团队新鲜血液的质量。但这样做也存在风险，因为管理者毕竟也是人。通过自己的主观来判断，也会有错的时候。如果管理者在新人工作过程中逐步发现问题，应该如何解决？

培养员工是每个管理者必须要做的事情，也是其责任所在。但是作为企业管理者，我们是否考虑过“为什么要培养人”这个问题，培养人的目的是什么？

对于这个问题，职场上有很多不同的看法：

培养好了，员工跳槽了，我的付出全都白费了；

培养人太费劲，直接招聘优秀员工，给他们高工资也行；

招不到合适的人，只能在现有团队里面培养人才，只是成长太慢；

培养员工时，管理者必须要对其进行严格要求，结果员工说我太严苛，要辞职，栽培一个人不就应该严格要求吗？

类似的想法在职场中可谓屡见不鲜。为组织培养人才本来是一件对大家都好的事情，为什么到最后结果却不理想呢？

这里我们必须要明确一个问题：我们培养人才的本质目的是达成组织目标。至于帮助其学习和成长并取得成功只能算是带给个人的附加价值。这与现代流行的“以人为本”并不矛盾，先帮助个人取得成功，进而得到组织成功，归根结底是为了实现组织目标。

一部分人还存在惯性思维：我培养你成长，你就是我的人，久之可能形成小群体，不利于企业的管理。还有人顾虑培养员工成长后，他们有了更好的机会就会跳槽。这个境况对于大部分管理者和企业来说都是不可回避的。对于这个问题，笔者认为，关键在于如何摆正心态。

首先，人往高处走是常态，任何人有了好的机会都不应该放弃。优秀员工随时有可能离职也是无法回避的问题，这就需要管理者能够随时调整自己组织的用人机制与激励办法，做好留人的工作。

这种关系就好比是父子之间下一盘棋，输赢不重要，重要的是父子亲情，也就是为企业培养实现目标的人才。如果父亲赢了，就是企业培养了人才并能持续为企业效力；如果孩子赢了，就是员工成长后离开了，那父亲只能祝福员工有更好的发展，但是培养人的工作还得继续。“铁打的营盘，流水的兵”，人才流动是正常的。我们的价值是让这个营盘不因兵的流动而受到影响。即使GE这样的大企业也面临人才流动的问题，但是GE的人才储备工作做得比较到位，各层级候选人的选拔和培养成了组织内部坚持不懈和备受关注的工作重点，所以当有人即使是高级管理者闪电离职的时候，仍然能够把组织动荡和情绪影响的负面效应最小化。

案例2

华为的人才体系

华为的干部管理体系和人才培养机制已经形成了独有的运行体系。华为的学习能力非常强，这一点在领导者个人行为层面尤为突出。华为学习IBM时还提出了“削足适履”“先僵化后固化再优化”的口号。目前华为的18万名员工，仍然能保持较高的执行力，这跟华为的管理运行体系是密切相关的。任正非作为华为的领导人，他的学习能力很强。现在华为也有很多离职创业的员工，他们中有一些人表现不俗，但是华为并未受到这些离职者的影响。我们反而看到，华为已经把全世界当作自己的人才库，为了保持“兵精粮足”，华为一直在培养人才，加强学习，这样的机制让华为真正变成了“铁打的营盘，流水的兵”，让组织运行尽可能不受人员流动的影响。

关于优秀员工被别人挖走的情况，笔者的观点是，你要认清组织和这个人才的匹配度，如果这个人能力强、视野宽，而你企业的成长又和员工的成长不能保持同样的速度，那么离职就是很正常的现象。作为同事和朋友，我们也应该祝福他找到了更好的发展机会。因为我们创办企业的初衷也是希望员工变得越来越好，当员工有了更好的工作机会时，应该给予其真诚的祝福。有的人认为，员工的成长很大程度上依赖于企业的培养。但另一方面，员工在成长的过程中，也为企业作出了贡献。双方的合作是你情我愿的事情，而不是彼此捆绑。要想吸引更多的人才，就应该让企业的进步速度超过员工的成长速度。

二、员工培育的核心是思想教育

作为职场新生代的“90后”员工，他们的成长环境和文化背景必将会给职场文化带来进一步的进化，具体如下：

第一，个体化发展。职场新生代的自我意识更为强烈，他们以品质生活定义安全感，以兴趣定义自我深度，以独而不孤界定个体归属，以善良微光影响社会。

随着网络平台的快速发展，人与人的亲密不再无间，微信启动画面中那个星空下的身影恰似在映射内心世界的孤寂。

专业分工的细化，让身份归属感下降，人们介绍自己时不再说“我是××公司的”，而是说“我是做××的”。

个体独立让就业心态发生了转换：过去是“公司需要我做什么”，现在是“自己想要做什么”。年轻员工更加注重自我世界的建立和守护。

第二，共识度下降。职业选择、居住选择，工作和生活的多元化，导致价值观的多元化，甚至导致传统道德标准和权威的崩塌。对于同样的事件，年轻人的观点与传统价值判断迥异。

以傅园慧的走红为例，在人们的传统印象中，中国运动员在赛后接受记者采访时，一般是很谦虚地表示自己是来学习的；很遗憾自己的发挥不够好；表决心后面一定会赛出更好的成绩……但傅园慧率真、活泼、充满个人色彩的独特表现，让人们一下子记住了她。

一次笔者带领商业考察团参访女装网络销售头部企业韩都衣舍，负责人讲了一个小细节：该企业创始人陪同投资人在工作区参观后，投资方很快作出了决定，理由是别的企业员工看到老板来都会起立欢迎，而在这里没人理他，每个人都在忙。诸如此类的现象告诉我们，这就是年青一代的内心影射，真实而自我。

传统的威权式管理日渐式微。现在的成功企业对于员工的领导，无不沿用一种模式，那就是以共同的愿景和使命感凝聚员工并引导其思想；以主流意识的优质内容实现对其时间的占有。组织方必须要营造一种氛围场域，让员工主动选择以投身其中。

案例3

用电影讲故事的效果

美国电影《血战钢锯岭》以震撼的视觉效果、残酷的战场表现力真实地反映了“二战”中日军的真实形象——顽固凶狠且疯狂狡猾。这场战斗发生的地点在冲绳岛的“钢锯岭”，日军称之为前田高地。

这是发生在1945年4月底的一次阵地攻防战。美日两军围绕这个并不大的高地，展开了反复拉锯式的争夺。这场战斗空前惨烈，最初参战的美军96步兵师很快就损失惨重，不得不由77步兵师进行接替。电影所表现的医疗兵道斯拯救战友的情节，就是77步兵师307团接替进攻后战场曾经发生过的真实一幕。在这场战斗中，道斯勇敢地从战场上救下了75名战友，成为美国人心中的英雄。而对面那支日军也给观众留下了深刻印象，无论是在舰炮重火力下成体系的顽强防御，还是利用坑道冲锋时凶狠的攻击，抑或是最后口喊“万岁”疯狂持手雷与美军同归于尽，都比较真实地还原了一支疯狂到歇斯底里的日军形象。

那么，这支日军部队是什么来头呢？根据战史记载，负责守备“钢锯岭”的日军属于62师团，该师团于1943年5月在中国华北的山西太原组建，当时并没有编制炮兵等技术性兵种，其主要任务是维护占领区并进行扫荡作战，在华北被我八路军游击战术搞得一筹莫展时，只好改变战术，成为“炮楼守备队”。但这支并非日军精锐的部队，却在1944年3月的大陆交通线作战，即豫桂湘战役中，和驻守河南的汤恩伯部国民党军作战，一举击溃汤恩伯部。后来，日军太平洋战争吃紧，62师团又被调防冲绳岛。在那里，这支部队在战斗中表现出了很强的战斗力，也迎来了它的末日。

由于美军的海空优势，日军决定撤退到山区进行作战；依托精心构筑的防御工事和火力做坚决的抵抗。因地形制约，美军步兵被迫采取了更密集的队形向貌似空无一人的山上爬去。可突然之间，日军的高射炮、臼炮、迫击炮、步兵炮、掷弹筒就劈头盖脸地覆盖而来，在密集的进攻人群中爆炸，轻重机枪和步枪子弹也从各种刁钻的角度射来，毫不停顿地收割着生命。

当美军付出惨重代价好不容易占领某个阵地后，阵地上的残余日军会狂热地挥舞着手榴弹与美军士兵同归于尽，而其他日军则很快就能组织起凶猛的局部反冲击，他们利用坑道甚至能够从美军占领的阵地下面钻出来，与立足未稳的美军士兵搅在一起，一次又一次把美军赶下去。很多参战的美军士兵回忆这场战斗时，把这些日军称为“地狱恶魔”。

这部《血战钢锯岭》展示了“二战”中日军的真实形象，顽固凶狠且疯狂狡猾，这才是我们全面抗战8年所面对的敌人。不过，恰恰是因为把对手描绘得十分强大，观众才对美军特别是主角道斯的勇敢和坚强有了更深刻的印象，也才更感慨战争的残酷与和平的珍贵。而我们的某些抗日神剧却经常把这样精锐的日军描绘得愚蠢弱智甚至不堪一击，这实际上是对历史的不负责，也是对抗战先烈们的侮辱。

三、管理与培养都要因人而异

每个人的个性不同，所以每个人对同样一件事情的感受也是不同的。有的人特别看重他人的评价；有的人则非常关注自己内心的感受，外界评论对他的影响微乎其微；有的人非常希望得到他人的赞赏和认同，即使物质层面较差，他仍然感觉快乐；可是有的人则对实际的报酬非常看重，精神层面的表扬对他而言则不是非常重要的。我们需要把直接下属的激励点相对明确一下，这样才能做到有的放矢，让员工的愉悦感得到提升。

如图1-1所示：我们将情绪（内向、外向）和个性（随和、强势）作为两个指标，把员工分为4种类别：

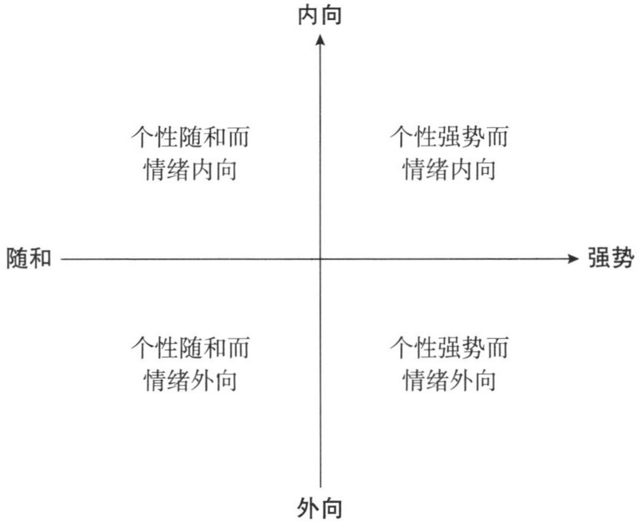

图1-1　4种类型的员工

第一类：个性强势而情绪内向。

该类型员工的特征：传统，保守，注重细节，条理分明，做事认真，值得信赖，责任感强，重视纪律，分析力比较强，个性拘谨含蓄。

该类型员工最希望得到：

- 事先对所要沟通的事宜进行充分的准备；
- 分析你所提的建议的利弊；
- 通过精确的数据来支持见解和观点；
- 反复向他们保证不会有意外发生；
- 提交一份详细的任务说明，讲清该项任务在全局中的位置和意义；
- 和他一起系统性地回顾所提交的议案；
- 在表示同意时要具体，在有不同意见时要对事不对人。

该类型员工最害怕的是被批评。

此种类型的员工比较注重逻辑性。必须用精确的数据和确凿的证据才能说服他。这类人的面部表情通常比较少，所以容易让人产生距离感，觉得他不好接近。但是这样的人也会比较容易得到上级的重视，因为他往往会给人一种冷静和有深度的感觉。

这类人看问题偏理性，也易于发现事情的消极面，容易打消他人的热情，会被认为比较“冷血”。对于此类员工最好能安排其从事规划和制定规范类型的工作。

笔者团队中的小魏，是知名院校毕业的研究生，是典型的个性强而内向型员工，具有冷静缜密的思维，经常发现别人的问题，久之大家就对她有了看法。针对这个情况我们转变策略，让小魏负责项目的实施计划和流程规范，结果她非常高兴，做出来的工作成果也非常受认可，她自己也说做这样的工作感到很有价值感。我们也能看得出来，她的工作更加高效了。

第二类：个性随和而情绪内向。

该类型员工的特征：稳定，温和，不喜欢冲突；行事稳健、强调平实，有过人的耐力，性格善良，面部表情和蔼可亲；能认真倾听、有很强的团队精神、沉稳、行为有一定的规律可循、能理解别人、人际关系好。

该类型员工最希望得到：

- 安全的环境；
- 真诚的谢意；
- 重复的工作方式；
- 多给些时间，以适应和执行调整、变化；
- 有限的责任范围；
- 团队的认同；
- 具体的分业领域。

该类型员工最害怕的是失去安全感。

这种类型的人偏好稳定，不喜变化。因为个性随和，往往是集体中受欢迎的人，加之个性温和和善于倾听，不会让身边的人产生危机感。此类型的人亲和力强，容易让大家产生信赖感，但是其控制力不强也是一个事实。如果做到高层就需要让自己的个性强硬一些。对于此类部属，要把工作计划的要求明确化，给他安排他熟悉的或程序性的工作任务。

第三类：个性随和而情绪外向。

该类型员工的特征：热情、乐观，容易信任别人，口才流畅、有说服力，易冲动、多愁善感，好交朋友、风度翩翩，表现欲强；喜欢运用丰富的手势，面部表情丰富。

该类型员工最希望得到：

- 社会的尊重和接受；
- 不受细节的制约；
- 不受控制；
- 有人交谈；
- 积极的工作环境；
- 对其能力的认可和激励；
- 影响别人的机会。

该类型员工最害怕的是被拒绝。

此种类型的员工性格外向而情绪丰富，是典型的“聪明人”。他们经常会提出“不切实际”的想法，对新事物的接受程度较高，往往成为“意见领袖”。对问题的看法往往偏向乐观而热情十足，有强烈的感染力。但是对事情的执着程度不够，容易“虎头蛇尾”，最好的办法就是对其承担的工作进行定期跟进。

第四类：个性强势而情绪外向。

该类型员工的特征：自信，权威，竞争意识强，胸怀大志，直接、果断，企图心明显，自我意识强、有对抗性，善于处理问题、勇于冒险、自主性强，交谈时习惯进行直接的目光接触。

该类型员工最希望得到：

- 权威、不断变化的活动；
- 自由、促进发展的工作；
- 明确了“底线”的做法；
- 提升的机会。

该类型员工最害怕的是被利用。

此种类型的人个性强硬而直接，所以经常能勇敢地讲出自己的想法，但是也容易伤害他人的情感。对他人、对自己要求严格，所以其进取心比较强烈。越有难度，他的动力越足，是个典型的“开拓型”人才。行动力比较强而不愿意关注细节，因为关注目标而忽略他人的感受，往往被人指责“没人性”。

人有千面，各不相同。每个人都有自己的个性特点，作为管理者，需要针对下属的不同特点匹配相应的激励手段，只有充分调动下属的积极性才能在培育激励下属方面做得更好。

第二节 ┃ 成年人的成长多是在“受到伤害”后

一、很多领导习惯“自己做”

管理者多数情况下还是依据自己的经验与直觉来开展工作。相对来讲，较少有人能够做到，做事之前先考虑自己的做法与影响。这是因为这些领导工作量过大，没时间思考提升效率的方法。

这样的工作方式会形成什么影响？很明显，管理者会越来越忙，直到身心俱疲甚至病倒。继而有一个更年轻、更有干劲的管理者补上来继续这场消耗战……

大多数管理者也不喜欢这种工作状态，但身边的人都这样，也就习惯成自然了。

二、失败的经历能让下属获得真正的成长

有些管理者自认“聪明”，习惯出主意、拿方案，为组织和下属作决定。能者多劳，在为自己能成为“能者”而骄傲的同时，“多劳”似乎也成了一种“特权”的享受。他们认为，“劳心”是领导者的专利，“劳力”才是下属的专长，所以领导者把所有的工作都规划好，下属只要执行即可。有的领导者面对下属的疑虑给出明确的回复：不要问为什么，没有为什么，你要做的就是执行。

在企业处于初创期和生长期时，管理者果断的决策与员工的高效执行是必需的，但是，这不是打压下属思考的理由。大部分人把高效执行与倾听意见混淆了。下属长期不参与决策讨论会陷于“旁观者”的角色，他们会认为自己只需要听命令就可以了。

笔者经常问企业管理者一个问题：究竟是什么使你们成了领导？大多数企业管理者这样回答："在我二十五六岁的时候，老板派我去很远的地方设立一家销售点。当时也非常紧张，害怕犯错。但是我要告诉你的是我的确学到了一些东西。"但往往许多公司不能给他们的员工提供这样的机会，让他们早点负责某些项目，并从错误中吸取经验。相反地，管理者把这些年轻人放在无关紧要的工作岗位上，浪费他们的青春。管理者也不会让这些年轻的员工负责关系企业盈亏的工作，更不会让他们去冒险。这就会造成一个问题——一直躲在老鹰翅膀下面的小鹰是无法学会飞翔的。

这样的情形多么可怕！我们身边不是也有很多相似的例子吗？父母给孩子的爱到了无以复加的地步，把孩子一生的道路规划得非常到位，把自己经历的痛苦磨难全部帮孩子回避，让孩子的人生一路顺利，多么尽责的父母！事实上，孩子并没有按照父母的规划去走，孩子对父母的规划有强烈的逆反心理。还有很多一路走得比较顺利的孩子在失去父母的庇护时显得手足无措、无所适从，究其根本是因为父母在孩子的成长过程中剥夺了孩子经历挫折和失败的机会，而一个人真正的成长正是在失败中得到的。

在培养人才与对某件事情作出授权的决定时，失败是不可回避的，关键是如何让员工在失败中总结教训，在失败中学习和成长。

在实际工作中，中层管理者进行工作目标的沟通与下达任务是常规的工作内容。如何能让下属在执行任务过程中充满激情和信心？笔者建议，管理者要学会管理自己，让下属尽可能地去经历风雨，在实践中不断地磨炼，成为一个坚强的战士。

三、给员工表达自己想法的机会

领导者在开会或讨论时不必一开始就把自己的计划公之于众，尽量让下属发表对某件事情的看法和解决方案，即使不完全正确也要认真倾听，不要着急给出你的评论，引发大家的讨论。特别严重的失误是不需要你来批判的（他身边的同事自然会指出来），那些有价值的建议和某些细节的不足才是你要指明的。

案例4

部门经理：同志们，今天我们讨论一下，如何才能把我们这次的年中营销会议办得圆满。

……（沉默）

部门经理：请大家畅所欲言，公司非常重视这次会议。我想如果能集中我们4个人的力量和智慧把事情办得圆满，获得公司的肯定，那么这对我们今后的工作开展也有很大的帮助。大家都说说。小张，你先来。

小张：我的看法是，形式最好新颖些。别搞的还是老一套，开会、聚餐什么的，多没劲。

部门经理：你有什么好的创意？

小张：我觉得可以让大家去一个山清水秀的地方，大家心情好，对开会也有促进作用。

小李：那就要多花钱的，公司会批准吗？

小张：领导说要有新意嘛，又没说花多少钱。

老赵：我们公司向来都是少花钱多办事的，不知道这次的预算有多少？

部门经理：去年的预算是20万元，本年度我打算再多申请点，但是我想最好我们的计划要有足够的吸引力，这样我去要钱也能降低点难度。

小张：领导，你如果这么想我们可以把计划做得漂亮点。

部门经理：是啊，你们有什么好点子，我们一起聊聊。

小李：我去过红枫湖，风景优美，价格也不贵，会场也够大，我们可以考虑一下。

小张：我们可以在会议期间再渗透一个年度培训的主题，配合本次营销会议可以搞一次营销技能的课程，配合上团队的拓展活动，一定能给这些外地的同事留下深刻印象。

小李：我建议大家可以统一着装，这样既有企业形象，又能凝聚人心。

老赵：培训主题的确定可以提前和各区域领导讨论一下，这样也能够激发他们的期待心理。

部门经理：不错，这几个办法都很好，还有吗？

老赵：按照去年的标准再增加5万元，这个资金未必能够吧。

部门经理：嗯，不过我觉得我们可以详细地计算一下各个环节的费用，把钱用到刀刃上，大家的意见呢？

小张：领导，我原来供职的企业办过这样的活动，好像花钱不多，这样的会议最大的支出环节就在住宿上，当初为了省下一夜的费用，我们安排了几辆大车当天把人员送到会场。按照120人，60个标准间，每间250元，一天就是1.5万元，这些钱可以用来购置服装和组织培训。

部门经理：非常好，我觉得这些意见都很有价值，我同意小张的观点，这次我们要给大家耳目一新的感觉。我们明天把全部的计划草稿定出来。小张、小李你们2人可以把各个环节的费用做一个规划，老赵你把日程安排一下，至于会议期间的活动你们3个商量一下，作出一个预算方案来。

多数情况下，下属都有自己的观点。下属与上司最大的不同就在于二者思考的高度不同，领导者要通盘、全面地考虑问题，下属的局限性就是往往不能做到全面，毕竟管理者与基层员工获得的信息量也是不同的。

四、让员工讲工作思路和工作方法，进而学会思考

关于工作的实施步骤和细节，管理者需要与下属确认，确保工作可控。关于工作方法，员工可能有自己的思路，如果有，请员工说出自己的想法；如果没有，就让员工说出你的想法。

案例4（续）

部门经理：还有一个细节，我想要强调一下，就是我们的工作计划要符合我们部门的PDCA[①] 工作流程。老赵，你的日程安排就按照这个流程做，小张和小李的计划也要遵循规则，老赵的这次计划就是一次示范。老赵，我们再确认一下内容。

---

① PDCA循环是美国质量管理专家休哈特博士首先提出的，由戴明采纳、宣传，获得普及，所以又称戴明环。全面质量管理的思想基础和方法依据就是PDCA循环。PDCA循环的含义是将质量分为4个阶段，即Plan（计划）、Do（执行）、Check（检查）和Action（处理）。

老赵：好的。

部门经理：P——计划，你怎么考虑？

老赵：我把这几天的日程先都排出来。

部门经理：你是不是可以按照培训前、培训中和培训后做计划，这样比较清晰。

老赵：对，培训前是物资、人员、协调工作的准备；培训中各个环节是日程计划；培训后是收尾与安排。

部门经理：好，按照我们原来的工作表格的形式，没问题吧？

老赵：没问题。

部门经理：D——执行，怎么做？

老赵：我会把每天的人员、时间和执行结果明确出来。

部门经理：要在文字上也就是表上落实，一定要落实到人！明确时间点！

老赵：放心。

部门经理：C——检查，怎么做？

老赵：领导，这个事情你来做吧。

部门经理：我们一起做更好，会议期间每个人都要按照表格执行自己负责的工作，每个人手上要有一个执行表单，每天我们碰头回顾是否按计划推进。这个事情你负责，如何？

老赵：没问题。

部门经理：A——处理，怎么办？

老赵：每个人一个执行单，每个任务完成就要有个结果确认，也就是在表单后面的子目标旁边写上“OK”。

部门经理：非常好，小张和小李，你们看到了吗？这就是我们做事情的流程与执行保障。你们也要按照这个方式开展工作，明白吗？

小张：完全明白，领导。

小李：理解，这样做事情才能做到一丝不苟。

部门经理：好，会议就到这里，大家开始行动吧，明天我们看成果。

下属的想法一般不会跳出管理者的预想范围。如果管理者把意见先全部释放出来，不就是剥夺了下属发表意见的机会吗？既然管理者拥有解决思路，那么就应该引导员工在这个思路上谈出自己的见解，使其获得“实施自己的想法”的成就感。

等大家讨论接近尾声时，领导者有必要站出来表明态度：“我支持××的观点！”

领导者最应该做的就是——在关键的时候支持下属。这就是对下属最大的鼓励！

第三节 ┃ 非人力资源经理的人力资源管理

一、由企业战略推导业绩指标和人力资源配置

人力资源规划的思路是基于公司战略的。作为中层干部应从公司的战略规划中提取与自己部门相关的部分，并在满足公司战略规划的基础上规划自己部门的战略。

比如，× × 公司想进入新三板和创新板，而进入创新板要满足一个准入条件：要求最近2年平均净利润不少于2000万元，净资产收益率不低于10%，最近6个月平均股东人数不少于200人。作为企业创始人，或者部门管理者，当你看到了公司这个战略目标，你能想到自己该做什么和怎么做吗？

假设你是销售部门的负责人，在明确了公司的战略后，就需要核算：未来的1年，整个公司至少需要完成2000万元净利润，那销售部门就需要用2000万元净利润加上管理费用，再除以公司毛利率，计算出应该完成的销售额。

图1–2为读者展示了计算预计销售额的过程。

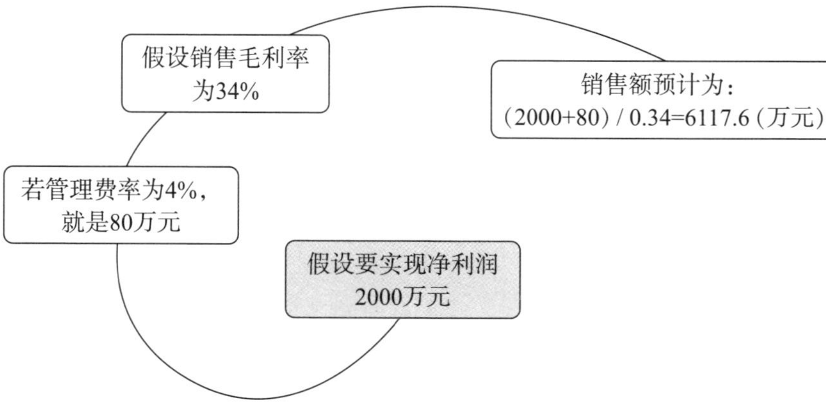

图1–2 计算预计销售额的过程

图1–2中的这个销售额是保底指标，以此为基础，中层管理者还可以设计力争指标和挑战指标。

如果要完成保底指标，你的人力资源规划如何更进一步——需要多少人员编制？有多少个大区、多少个分公司和办事处，他们过往的人均产值是多少（行业内的人均产值是多少）？各分支组织的人员架构是否需要调整？现有人员是否能满足编制，如果不能满足，是需要进行外聘还是内部竞聘？为了完成销售目标，目前人员的素质能否满足？是否需要安排培训？需要设置哪些课程，是外训还是内训？

为了激发热情，超额完成指标，除保底销售额外，还可以制定比保底销售额更高的力争销售额、挑战销售额。对于完成保底销售额的，可以发基础奖金；完成力争销售额的，发更高比例的提成奖金；完成挑战销售额的，还发一笔额外的奖励。考核的分数除核算当期奖金外，怎么用于薪酬调整？总之，需要把目标、人员配置、培训工作、考核体系、薪酬体系等全部纳入规划之中，形成一个闭环，确保目标的完成。最后，除了以上工作，规划环节还需要做好部门的全年预算。部门之后一年的支出金额和支出方式，全都尽量要在预算范围内。这就是我们说的基于战略目标的部门规划，当然这还是仅限于人员配置方面，大家可以按照这个思路对人员培养和团队建设的投入进行规划。

有了专业“套路”，接下来就需要按照这个思路把动作做到位。那么事实是怎样的呢？

很多企业在年初做预算，要各部门提供各自的规划，但是很多企业从总部到分支机构的负责人并没有形成这样的一套“打法”，反而是拿着去年的预算进行一定比例的上浮，就提交上去了，结果执行的过程中没有人监控资金和过程，到了年底也没有严格的复盘和总结，大家还是以前的游击队打法。大家好像都会说HRBP、三支柱理论、BSC（平衡计分卡）这些新概念，但是工作效率和结果贡献却还是说不清楚。

二、依据招聘流程识别岗位所需的人选

首先，管理者需评估目前的人员数量和素质，是否能满足我们在规划阶段制定好的组织架构和人员编制。如果能满足，可以只做微调。如果不能满足，就重新评估每个员工的胜任能力，并将他们安排在适当的位置。该晋升的晋升，该转岗的转岗，该调整岗位职责的就调整岗位职责。在此，做个小提醒：尽量不要给员工降薪、降职，除非你想让他主动辞职。把现有的员工安排妥当，再看看空缺的编制。分析一下，这个岗位适合内部竞聘还是外部招聘。如果都能满足，尽量考虑内部竞聘。因为内部竞聘的员工一方面对公司业务比较熟悉，能很快进入新的岗位，适应期相对比较短；另一方面内部竞聘有助于提高内部员工的工作积极性。如果内部竞聘不合适，再考虑外部招聘。外部招聘当然也有好处，招到的员工基本比较满足岗位在能力上的要求，而且外部新人常常能激发老员工的竞争意识，有利于促进团队积极性。

招聘工作貌似简单，但是环节比较多，而且每一个环节都是下一个环节的基础。一步做不好，就会对招聘的最终结果造成影响。招聘的一般流程如图1–3所示。

为了保证在最短的时间内招聘到最合适的员工，以上环节，最好有业务负责人全程参与。现实的情况是，很多业务部门负责人总以忙为理由，将这些工作全权委托给人力资源部。

虽然很多工作可以委托给人力资源部，但对于业务团队负责人来说，招聘进来的人就是自己团队的一分子。本着对自己负责和对团队负责的态度，避免3个月试用期过后再来重复一次这项工作，带团队的负责人最好能亲自参与招聘，由人力资源部门提供一定的支持。

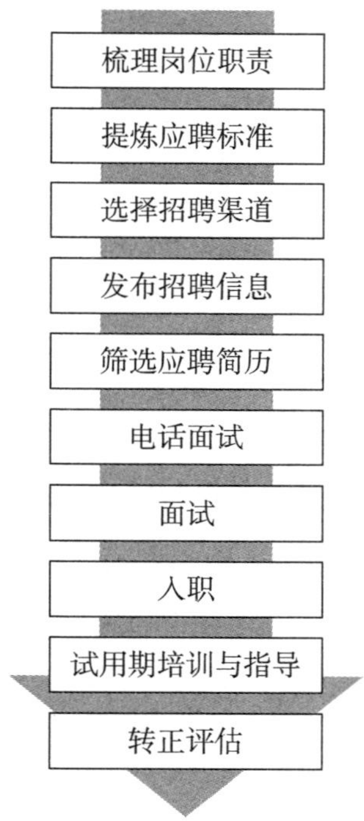

图1–3　招聘的一般流程

在梳理现有岗位职责、胜任力模型等基础上，管理者应将应聘标准具体化，这也是收获有效简历的基础。如果在应聘标准里设置的条件都是泛泛而谈，那就很难从海量的简历中挑选出你真正需要的简历。模糊的语言会让应聘者不清楚你的具体条件，进而盲目地投递简历。所以，尽量采用能够量化的标准——如果你招聘的岗位需要丰富的管理经验，那就可以直接量化你的指标，设置条件：应聘者需要具备10年以上的工作经验，其中，管理岗位工作经验5年以上。

招聘渠道的选择需要根据招聘的具体岗位来确定。如果招聘知识密集型岗位，尽量采用网络渠道发布招聘信息；如果招聘工人、水电工、保洁等岗位，应该采用线下的现场招聘会形式进行招聘；如果是招聘高精尖人才，猎头的效率往往更高。在招聘方面，人力资源部门一般比较有经验，可以听听他们的建议。

初步筛选简历和电话面试的工作，可以交给人力资源部的同事完成。他们会根据你提出的应聘标准初步筛选匹配度高的简历，并通过电话面试初步核实简历的真实性。

如果可以的话一定要亲自负责面试工作，在面试阶段需要设置几个环节，当然也可以根据职位不同做一些取舍。比如，是否需要笔试，是否需要看看面试者的作品，是否需要进行性格测试，等等。另外，面试要采用哪些方法，比如公文筐法、情景模拟法、无领导小组讨论法等方法可以由人力来给你建议，但是决定权在你手中。当然，对于一般岗位，最常用的还是面谈法。

在开始正式面谈前，需要建立一个良好的沟通氛围，让应聘者跟你敞开心扉。例如，你可以以一个充满关心的问话作为开场白，比如：怎么到公司的？家离这边远不远？在面谈过程中，应聘者一般会被问到以下几个方面的问题：

1.请对方简单地介绍一下自己。这个问题是必问的，除了对简历进行真实性复核外，还可以通过自我介绍观察应聘者的口头表达能力。

2.了解他对过去公司的看法。比如，过去的公司让他最认同的地方是什么？过去的工作中，他对公司哪些方面感到不舒服？过去的公司改变什么，可以将你留住？这些问题，主要是看应聘者对公司价值观的探寻。看看他与公司的企业文化是否契合。企业文化说起来很空洞，但是对工作的影响很大。比如，一个锋芒毕露喜欢竞争的人，如果加入一个工作节奏较慢的企业，那可想而知，他的日子将有多难过。

3.让应聘者做一个工作方面的总结。比如，工作中最大的收获是什么？值得总结的经验和教训有哪些？他觉得最有成就感的一件事是什么？他曾经最失败的经历是什么？又是怎么克服的？这类问题主要考核应聘者总结经验的能力，也可以看出他的特长和解决问题的能力。

4.询问他对正在应聘的公司和职位有什么理解和看法。这类问题主要考察应聘者对公司、行业、职位是否足够了解。这里尤其要注意，如果是对公司一无所知就应聘的应聘者，企业就要慎重考虑。笔者就曾经面试过这样一个应聘者，在面试中，发现她对公司的情况一点都不了解。在后期谈薪资的时候，发现她同时在考虑好几家公司，并且选择公司的标准就只有一个：薪资。最终我没有录用她，主要是因为她投简历的态度随意且选择公司的标准单一，这些现象说明了她并没有一个职业发展规划。另外她只看薪资的择业标准，说明这个人考虑问题只关注当下，甚至这还代表着一个人的忠诚度。

5.了解应聘者关于岗位专业技能方面的问题。这个问题每个岗位都不一样。不过，有一个需要共同注意的地方：一定要追问细节。对于应聘者以前的工作，尽量追问细节，越详尽越好。比如，应聘者说到自己曾经负责过一个项目。就可以追问：当时的项目总共多少人参与？他在其中的角色是什么？这个项目持续了多长时间？在项目中，他有什么收获？项目执行中有没有遇到什么问题？他是怎么解决的？如果对方的经历属实，那他就会把细节描述得非常清楚。

如果他所言有虚，很可能会出现前言不搭后语的情况。

6.了解对方的家庭情况，住址离公司的远近等。结合以往的跳槽经历，评估一下应聘者的稳定性。

7.谈薪酬。一般是由人力资源部与应聘者沟通。

三、通过培训激发员工的内在动力

培训工作的好坏，会决定团队是否能持续保持高效的战斗力。创新能力强的公司一般培训工作都做得特别好。他们研发出的新技术、开发出的新产品总能在第一时间就让公司所有的员工了解、熟悉、掌握。公司一般都会在做全年规划时，做好第二年的培训计划。在这里，笔者分享2个比较好的培训案例。

第一个是华为公司。华为在中国乃至全球都是创新能力、综合实力较强的公司。华为每年出的新产品都能瞬间席卷整个行业，完全颠覆行业格局，迅速占领行业老大的位置。华为的每一个新产品研发完成以后，会迅速投入市场，并对所有的销售人员、技术支持人员进行同步培训。他们的员工遍布全球各地，让所有人坐到会议室来培训明显是不现实的。所以，他们选择了电话会议培训的方式。培训时间一般安排在晚上7:00—9:00或周末。在培训过程中，员工如果有疑问，可以随时提出来，老师要负责回答到让大家满意为止。培训过程中，会有一个管理人员全程参与，如果没有其他人提问，他要负责提问，将培训过程中的难点都问出来，帮助大家理解。

华为的每一个新员工都有一个导师，这个导师是有丰富工作经验的员工。新员工有任何问题，都可以向导师请教。当然，当导师是有额外补贴的，华为的福利好是业界公认的。除了导师外，全国各地相同的岗位还有专门的群，大家有问题也可以在群里讨论。但一些基础性的问题是导师应该负责的，所以新人一般都会先问导师，咨询导师无果，才到群内请教。

笔者要说的第二个公司也是通信领域的，它就是中兴，这个公司培训的精髓就是让员工轮流当培训讲师。每个人都有机会，也都有义务成为讲师。这个模式的好处就在于，能够让所有的人都重视培训这回事。如果你一直当学员，那很多时候就是坐在那里听，听没听进去、听进去多少，没人知道。可是如果你作为讲师，讲不清楚或是讲错了，抑或是回答不了学员提出的问题，那就比较尴尬了。所以，大家都会提前认真研究，做好PPT，尽量让自己更加专业。而且，每个人擅长的地方不一样，每个人把自己擅长的东西讲出来，团队成员互相查漏补缺，整个团队的能力就会有非常明显、快速的提升。

笔者有一个学生在某企业担任培训负责人，他一直想在公司销售部门推行华为的培训方式，在公司技术部门推行中兴的培训方式。他说如果这个目标能够得以实现，他就觉得自己这几年没白干。

四、让绩效考核激发组织活力

好的绩效考核制度可以成为帮助管理者的好工具，而绩效考核在很多企业中沦为摆设，甚至成为管理者与员工共同的“梦魇”。员工认为管理者是想通过绩效考核扣钱，而管理者认为员工没有达成预定的目标，但绩效工资却还是发出去了。

那么绩效考核到底该如何开展，才能达到预期效果呢？

首先，企业应该通过岗位说明书、胜任能力模型、工作计划中的目标提炼出绩效指标。绩效指标的数量不宜过多，不要超过10项。

而有的工作比较繁杂，哪些指标应该选为绩效指标呢？把那些让你能在年终述职的时候抬得起头来的指标，设置为绩效指标；把那些让你在年终述职时想要隐藏的指标，也设置为绩效指标。这两者，一个是优势、一个是劣势。优势要强化，劣势要改变。

其次，设置好的绩效指标可以套用去年的数据进行复核。看看这些指标设置是否合理。复核好的考核指标，需要进行宣贯，让所有被考核员工都非常清楚自己的指标是什么，怎么样才能得到高分。因为绩效考核就是为了促使他们得到高分，创造一个双赢的结果。而不是遮遮掩掩，等到考核期都过了，才让员工知道自己哪些还没有做到。

再次，考核期间，作为部门的管理者，需要密切关注每个员工的绩效达成情况。对于没有达成的员工予以提醒、对有问题的员工予以帮扶。对于员工所犯的错误、出现的问题，都要一一记录在案。考核期结束时，可以先让员工进行自我批评。自我批评的过程是一个员工自我审视的过程，他能清楚地认识到自己的长处，并发现自己的问题所在。如果他的绩效完成得好，他可能已经开始核算自己的绩效奖金了；如果绩效完成得不好，他也可以认识到哪些是自己的短板，不至于在绩效奖金发放的时候太过失落。如果员工和主管都站在比较公正的角度进行评分，一般自评和上司评分差距不会太大。如果评分差距太大，就说明有问题，这需要在绩效面谈时重点解决这些问题。

最后，绩效面谈。绩效面谈是绩效考核非常重要的一环。有很多部门负责人把这一个环节忽略掉了。他们觉得反正分也打了，绩效工资也会发，没有必要再多此一举。正是这种误解，让员工和管理者之间缺失了一个沟通的桥梁。绩效面谈是一对一、面对面沟通。

在面谈前，需要把绩效考核的成绩先发放给被考核员工，让双方在有准备的情况下，再进行绩效面谈。

绩效面谈一般会有以下几个重要程序。

一是营造一个和谐的面谈气氛。

二是把面谈的目的、步骤和所需时间提前告知被考核者。让参与面谈的被考核者对面谈的流程、时间等有一个大致的把握，不至于让对方觉得不知所措。

三是讨论每项指标的考评结果。这个主要是为了与考评者确认，双方对考评结果的认识是否一致。对有分歧的地方应着重讨论，最终达成一致。管理者要在尊重事实的基础上公平、公正地进行考评。除非员工确实能够提供非常清楚的事实依据，否则，不能因为个人感情等因素修改考评结果。

四是管理者与被考评者一起分析成功和失败的原因。对于成功的经验要进行总结，并继续保持；对于失败的原因要找到解决问题、改进的办法，避免下一次再出现同样的问题。

五是针对考评者得分比较低的项目，考评者与被考评者双方共同讨论出专项培训的方向，共同探寻出合适的培训目标、内容、方式，便于下一个考核周期培训工作的安排。

六是请被考评者提出需要管理者支持或帮助的问题并进行讨论，制定具体的支持措施。

七是双方在绩效考评表上签字。在整个面谈中，管理者都要注意：一定要站在平等的角度和考评者交流，千万不能有高高在上的神情和语气；一定要强调客观事实，而不是自我感觉或感情用事；对于考评者的长处，一定要予以充分肯定，不能只看到被考评者的短板；不能光看问题，一定要与被考评者一起找到解决问题的办法和下一步的培养计划。绩效考核的结果绝对不是仅仅用于核发绩效工资，它服务于未来——要让员工知道自己哪里做得好，哪里做得不好，找到如何改进的方法。

五、要正确认识薪酬制度的设计

对于每个公司来说，薪酬是一把“双刃剑”：做得好，可以发挥激励作用；做得不好，将成为最容易导致员工离职的因素。

薪酬的两个原则分别是对内公平和对外公平。如果掌握好这两个原则，一定不会出现大的问题。对内公平就是指在公司内部、部门内部要体现公平。对外公平是指在整个人力资源市场上，面对相类似的工作岗位，需要有竞争力。如果要了解对外是否公平，就请人力资源部门做行业薪酬调查。一般来讲，薪酬标准处于行业的中上等水平，是比较容易吸引员工的。

对内公平可以依赖于绩效结果。对于绩效成绩好的，予以更高幅度的加薪。对于员工来讲，绩效是他们都已经确认过的结果，比较容易接受；而且绩效本身是对他们的工作目标、工作能力的体现。对于公司来讲，也体现了多劳多得的原则。

每个公司每年加薪的平均幅度，需要考虑通货膨胀、当地生活水平、公司经营情况等因素，一般由人力资源部来负责。而且每个公司都有自己的薪酬体系，在满足薪酬体系的条件下，各部门负责人只需要在人力资源部提出的指导加薪幅度基础上，进行本部门员工的薪酬调整。

很多机构和书籍把薪酬设计神秘化了，实际上这个事情没有想象的复杂，笔者以薪酬等级设置（又称“规范工资跑道”）为例予以说明，如图1–4所示。

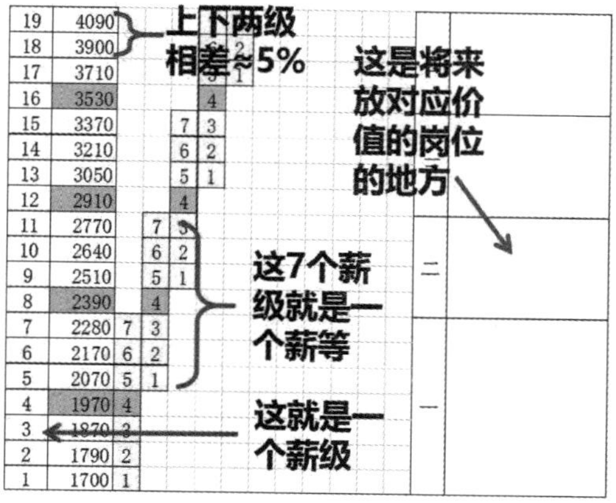

图 1–4　薪酬等级

假定当地最低工资标准是1700元，就把1700元作为初始薪级（第1薪级）。再假定将来为员工每涨一级工资按5%增长，那1700元以上的薪级均按乘以下一薪级105%逐级递增，增到能涵盖你们公司最高薪酬为止，总的薪级数量也就出来了。

再把图1–4中7—9个薪级合成一个薪等（看某岗位所处的薪等，对比市场水平即可得知该岗位的招聘竞争力），薪级数则预示着在岗位不变的情况下，有多少调薪的空间/次数，上下薪等之间可重叠3个薪级（重叠度不大于全部薪级数的50%即可）。

六、重视员工关系管理

员工关系包含用工合同、五险一金、福利等，一般情况下，这些事务的管理基本由人力资源部负责。对于业务线的管理者，在这个范畴应该关注的是部门或团队的文化建设。一个公司有自己的企业文化，一个部门当然也有部门文化。

有的公司或者有的部门特别喜欢加班，全公司就这个部门加班最多，有事儿没事儿的，都喜欢晚回家；有的部门特别团结，有什么棘手的事，都拿出来讨论，然后大家做各自擅长的事情，问题都能迎刃而解；有的部门崇尚独立工作的能力，员工之间互相竞争；有的部门提倡和谐的气氛，下班后经常出去聚餐。这些就是各自不同的文化。

实际上，组织文化很大程度上也受领导者的影响，比如有的公司文化也是老板文化，这个部门的领导崇尚什么、喜欢什么、提倡什么，就可能形成什么样的文化。所以，如果部门领导是积极的、团结的、奋进的，那他的部门以及部门里的人，基本也就是这样。

实际上在部门内部组织活动，对于基层干部来说也是一种挑战，如果公司提供活动经费还好，如果不提供，那就比较麻烦。有的部门组织活动，员工是非常勉强的，完全起不到放松心情和凝聚团队的目的。实际上，组织部门活动比较好的操作方式是，部门领导可以让部门员工自己商量和组织，发动大家畅所欲言，部门领导最好也全程参与，但不要过多地表达意见，要让活动符合大部分人的心意，只有这样才能凝聚团队，形成良好的团队合作氛围。

The Leadership Challenge of Lion's Share

第二章 招聘，识别出适配岗位的人选

有些人以专家、大师自居，他们垄断对某些问题的思考，表现得不可一世，其实是害怕别人提问，因为他们说不清楚。事实上，这些理论并不高深，属于实用科学，真正搞懂的人能做到把表面高深的理论还原为大白话，最起码的一点，他们不会过度使用术语。

第二章　招聘，识别出适配岗位的人选

一、招聘理念：岗位标准决定选人标准		
1. 选拔人才的正确理念	招聘最适合岗位要求的人	杜绝以个人好恶评定人选
	确定人才标准	选材标准来自于岗位职责要求
2. 面试官的准备工作	招聘工作的流程	招聘岗位职责要求的确定
		招聘岗位关键要素分析确定选拔标准
		面试问题设计
		简历筛选
		招聘面谈
二、确定人才选拔标准		
1. 界定岗位职责	设定岗位职责要求的流程	根据工作任务的需求确立工作岗位名称
		确定岗位职务范围
		根据工作性质确定岗位需使用的设备、工具，以确保工作质量和效率
		明确岗位环境和确定岗位任职资格
		根据岗位性质明确实现岗位目标的责任
2. 提炼岗位所需的知识与技能	确定岗位的具体要求	分析关键岗位职责要求
		分解每项职责具备的知识要素和技能要素
		制作知识、技能要素汇总表
	知道适合该岗位的人应有的知识与技能	根据岗位知识与技能要素设计考察点
3. 评估候选人的知识和能力	面试问题设计	岗位知识要素分析
		岗位技能要素分析
	提升招聘成效的措施	建立面试问题库
		不断进行总结，并通过分享来提升工作效率

三、基于行为的招聘面谈方法		
1. STAR 行为面试法	情境	时间、地点、人员等信息
	任务	遇到的问题或要完成的任务
	行动	当事人者采取的行动
	结果	行动产生的成效
2. 基于行为的事例辨别与跟进	虚假行为事例辨别	面试中虚假行为事例的进一步追问
	不完整行为事例辨别	对不完整行为事例的进一步追问
3. 面试问题设计与样例	基于行为的问题设计	一级问题与二级问题
	面试问题参考话述	关于工作经历
		是否了解新工作
		认识自身弱点
		自身动力
		工作稳定性
		灵活性
		合作性

第一节 ┃ 招聘理念：岗位标准决定选人标准

一、选拔人才的正确理念

知人善任是我们对管理者提出的一个基本要求，但是有多少人能真正做到？

能够给出肯定答案的人可能很少。善任的前提是“知人”，在组织管理中招聘面试就是“知人”的关键，在这个环节掉以轻心换来的将是组织资源的低效空耗。然而大部分面试官进行招聘和面试的结果基本都吻合一个规律：这个人是我（面试官）喜欢的。

诚然，我们不能要求每个人都能做到绝对客观，但是我们仍然要反对过分主观。为组织甄选人才的根本标准应该是岗位的需求，但是很多人并没有做到这一点，以至于出现了种种让我们困惑不已的情形：

面试时表现很优秀的人，在实际工作中却让人大跌眼镜；

当初认为能够独当一面的“人才”却在后续的工作中令人失望；

简历中辉煌的经历与实际表现存在巨大反差；

…………

相信上面的情形是企业中大部分管理者（尤其是中层管理者）的共同感受。管理者对有效的“识人”方法的渴望，用“久旱盼甘霖”来形容恐怕也不为过。

有鉴于此，很多识人和选人的书籍、刊物开始层出不穷，人们带着热情和求知若渴的心态去阅读，但是读完后反而感到失望。为什么？因为很多东西是经验之谈，即使方法有效，也需要在特定的情境中运用。更何况每个人的阅历、背景、经验、身份、地位、文化皆有不同，如果我们认为这样能够找到解决方案，似有“读死书”之嫌。

成年人学习重在学其本质而不是形式。选择自己喜欢的人也没有错，但是这样根据直觉来判断人选是否合适，即使有效，也不具备可复制性，更谈不上传承。这也就是很多前人的论述让人读时意兴盎然，运用时依然手足无措的原因。

我们为组织挑选人才，就要思考这件事情的本质目的是为企业挑选适合某岗位的人选，那么这个岗位对其工作人员的要求才是我们评定候选人的标准。不应该把面试者对候选人的感觉放在首要位置。这个道理虽然浅显，却常常被忽视。

二、面试官的准备工作

岗位的职责要求必须经过认真讨论后才能确定，不严谨的职位描述极易造成面试者误解，同时也会给面试官带来选拔标准不明晰的困惑。笔者认为，应尽可能地让招聘者（面试官）明了面试的全部流程、参与制定岗位职责要求的工作。唯有如此才能真正让招聘者选拔到合适的人才。

招聘与面试流程：

- 招聘岗位职责要求的确定；
- 招聘岗位关键要素分析及选拔标准的确定；
- 设计面试问题；
- 简历筛选（核心标准与参考项）；
- 招聘面谈。

鉴于本书读者为企业中高层管理者，因此本书不再对简历筛选和招聘面谈两个环节进行赘述，若读者想要了解相关知识，可以去阅读市面上关于招聘的书籍。

第二节 ┃ 确定人才选拔标准

一、界定岗位职责

制定相关工作岗位的职责要求并非是人力资源部的工作，该项工作应该由该岗位主管领导负责并结合本部门业务内容与该岗位介入项目的特点整理得出。很多企业的中层管理者往往把招聘的事情推给了人力资源部，殊不知这正是造成本部门人员不得力的根本原因。

现在我们把岗位职责界定的方法呈现出来，给非人力资源岗位的管理者提供一个参考依据。

确定岗位及职责的方法：

- 根据（部门）工作任务的需要确立工作岗位名称；
- 确定岗位的工作范围；
- 根据工作性质确定岗位使用的设备、工具、工作质量和效率；
- 明确岗位环境和确定岗位任职薪资；
- 根据岗位性质明确实现岗位目标的责任。

接下来，我们以某房地产企业的开发部部门为例，列出该部门经理的岗位职责。

案例5

某房地产企业开发部部门经理的工作内容和商业职责

一、工作内容

1.研究建设项目的可行性，并委托建设项目的总体规划、详细规划、市政方案规划及施工图设计、单位工程的施工图、小区内部市政工程图设计。协助总工程师编制“小区建设施工组织总设计”。

2.根据公司要求向政府申报项目建设计划。

3.负责办理征用土地的相关手续。

4.负责办理方案的报批并办理领取执照的手续。

5.负责确定征地界线及拆迁范围，组织好建设用地和市政代征地内的拆迁安置工作。

6.在总工程师的主持下，参与技术交底，会同设计单位做出年度设计进度计划，并做好设计洽谈工作。

7.办理工程开工前的各种手续，保证工程顺利开工。

8.工程竣工后，会同有关部门及时办理客户入住手续。

9.做好前期开发工作资料的收集、保管、移交工作。

二、开发部经理的岗位职责

（一）规划管理工作

1.根据公司项目总体开发的要求，在总工程师的指导下，负责项目开发的可行性研究，并按国家的相关法律法规和政府规定的申报程序进行项目开发的申报工作。

2.负责公司与政府各专业部门的协调工作。

3.负责办理公司向政府缴纳的项目开发费用并办理取证工作。

（二）项目规划设计工作

1.按照总工程师对建设项目提出的具体实施步骤，向设计单位委托项目设计工作，并安排好出图计划。协助总工程师做好图纸技术交底的准备工作。

2.协调各专业的设计工作，提供设计单位所需的项目开发相关资料。

（三）征地拆迁工作

按公司计划做好征地拆迁的调查、测算工作，负责征地拆迁工作中各项协议的签订，及时解决征地拆迁工作中出现的问题。

（四）负责本部门与公司其他部门之间的工作协调，对开发部的所有工作全权负责，严格管理本部门员工，建立良好的工作秩序。

三、开发部职员的岗位职责

1. 掌握政策法规，恪守办事程序。处理好与政府各行政职能部门的关系。

2. 熟悉规划程序，办理项目开发过程中公司所需的各种取证手续。

3. 具备项目开发所需的相关工作技能，密切配合各项专业规划设计工作，并及时发现设计工作中的问题，提出解决问题的方法。

4. 及时做好各种资料的收集、整理、归档工作，确保档案移交的完整性。

5. 完成开发部经理交办的其他工作。

二、提炼岗位所需的知识与技能

岗位职责标准被确定之后，面试人员（招聘专员及相关人员）需要对其进行详细分析，从岗位知识和岗位能力两个方面界定出评价指标项，并根据评价指标设计面试问题，以期精准地针对岗位要求评估候选人。

岗位职责关键要素分析方法如下：

- 分析关键岗位职责要求；
- 分解每项职责应具备的知识要素和技能要素；
- 制作知识、技能要素汇总表；
- 根据岗位知识与技能要素设计面试问题。

下面笔者以通信行业某营业厅营业员岗位职责为例进行分析，具体如下。

案例6

通信行业某公司营业厅营业员岗位职责

1. 14项业务（开户、过户、更换SIM卡等）受理。

2. 处理客户业务咨询事宜。

3. 新业务推广（短信、移动秘书、GPRS、信息点播、彩信MMS等）。

表2-1　岗位所需的知识要素和技能要素汇总表

职责	知识要素	技能要素
受理业务	公司产品、网络、计费等 不同类型的手机特点、使用方法 14项业务流程和服务标准 客户满意理念与公司服务政策	计算机和内部网络使用 商务礼仪 基本沟通技能 14项业务技能及设备使用 客户满意技巧 验钞
处理业务咨询	公司产品、功能、网络、计费等 不同类型手机特点、使用方法 14项业务受理流程和服务标准 手机常见问题及处理 竞争对手网络、服务、计费对比 公司内部相关部门职能、相关负责人和联系方法	基本商务礼仪 基本沟通技巧 电话沟通技巧 客户满意技巧
新业务推广	新业务功能、使用方法、办理流程、收费方式 竞争对手相应业务特点 新业务目标和客户利益 客户购买心理 不同类型客户特点和需求 基本销售流程	基本沟通技能 基本商务礼仪 激发购买欲望技巧 促成交易技巧 处理异议技巧

由表2–1来看，考察候选人的问题设计可以按照“受理业务、处理业务咨询、新业务推广”3个模块划分，就每个模块的知识要求与能力要求设计相应的问题来考察候选人与该岗位的匹配度。

那么我们按照上文的分析结果，一个移动营业厅营业员的招聘标准是什么呢？

表2–2 招聘/选拔标准

	招聘/选拔标准	
	（没有经验者）可通过培训掌握相关知识	（有经验者）通过面试考察其能力和经验
受理业务	通过培训掌握产品知识和计费套餐 具备服务心态和流畅的沟通能力	掌握社交基本礼仪 具备理解客户需求的基本能力
处理业务咨询	能够耐心为客户解答问题并具备处理客户异议和投诉的基础能力	接打电话的基本礼仪与沟通技巧
新业务推广	具备基本的产品分析与推荐能力	具备销售能力

三、评估候选人的知识和能力

下面笔者以表2–1的相关内容为基础设计面试问题。

——受理业务部分——

一、知识类问题

1.你了解移动公司的产品和服务吗？如果了解请尝试列出几种，并明确其应用网络及计费方式。

2.你对手机有研究吗？你用过哪几款手机？它们的使用方法有什么不同？在使用过程中客户一般可能出现问题的地方主要有哪几种？你一般怎么处理？

3. 你有营业厅的工作经历吗？如果有，请介绍一下主要的业务流程与服务标准。

二、技能类问题

1. 你使用计算机有障碍吗？工作中计算机应用主要集中在哪方面？

2. 面对前来营业厅的顾客，我们的接待流程应该是怎样的？如何体现我们服务的专业性？

3. 你认为怎样才能做到让客户满意？

4. 在收款环节如何识别伪钞？

——处理业务咨询部分——

一、知识类问题

1. 是否了解竞争对手的网络、服务、计费方式？如果了解可以与我们的产品/服务进行对比。

2. 如果遇到特殊状况，应该如何应对？如何求助相关部门与人员的帮助？

二、技能类问题

1. 接待客户的礼仪与流程是什么？

2. 客户咨询应对与促进销售的技巧是什么？

3. 接打电话的礼仪和注意事项有哪些？

4. 让客户满意的方法有哪些？

——新业务推广部分——

一、知识类问题

1. 一般情况下，客户的购买心理是怎样的？

2. 我们的各项产品或服务能给客户带来的利益是什么?

3. 如何对客户进行分类，不同类型客户的需求有什么不同?

二、技能类问题

1. 如何激发客户的购买需求? 有什么技巧?

2. 客户存在异议，如何才能打消他的顾虑?

3. 关于销售，你有什么好的经验可以分享?

该岗位的面试官梳理完问题后需要针对问题的答案进行阐释：结合企业文化与面试者进行深入交流。

从职业化角度来看，招聘专员或面试专员开展工作时使用的问题与话术应该是探讨后的结果。

招聘专员或面试专员根据岗位职责说明书、岗位知识和技能分析结果，建立关于面试沟通的“问题库”，并在面试结束后写下自己的心得与体会。总之，要对每一次的面试工作进行提炼与反思，不断改进和完善“问题库”，定期分享面试沟通经验，只有这样才能把公司选拔人才的智慧与经验沉淀下来并进行升华，不断提升组织的“识人”能力，真正做到“选拔合适的人到合适的岗位上”。

第三节 基于行为的招聘面谈方法

一、STAR行为面试法

案例7

…………

David：刚才你介绍了一些情况，如果你应聘到Eagles公司，作为一名有经验的业务拓展代表，你将如何维护客户？

应聘者A：Eagles公司一直是我向往的公司，假如我有幸加入，我想我会从以下几方面来做：第一，提高有效电话量，以量变达到质变；第二，把客户分级，不同级别的客户采用不同的维护和沟通方法；第三，增加客户维护方法的多样性，做到因人而异。

David：哦，很好，看来你对做一名业务拓展代表很有自己的想法。能否和我分享一下你之前比较难搞定的客户？

应聘者A：好的。去年年初，公司遇到了一位大客户J先生，但是又很难攻下来，经理就把这个重任交给了我。我先通过电话和他进行前期沟通，还算顺利。之后我就约时间去当面拜访以进一步介绍我们的产品。因为J先生日常工作和会议将日程排得很满，我想尽了很多办法去接近他，也曾经求助过我的上级协助。J先生职位很高，确实花了我不少时间。

David：好的，接下来……

David本打算让应聘者A协助大客户小组攻克比较难搞定的客户，可这一个月应聘者A的有效电话量并未达标。维护客户的方法欠缺，话术单一，客户对他也不信任。

案例7（续）

…………

David：我看你简历上有负责产品推介会的经验。

应聘者B：是的，产品推介会能更直观地把我们的产品呈现在客户的面前，有效地促使客户作出成交决定。

David：今年Eagles公司也有意加大产品推介会的力度。

应聘者B：我很愿意效劳，因为当时部门人手有限，我是产品推介会主要负责人，对这方面还是比较熟悉的。

David：你能介绍一下你最近负责过的一次产品推介会吗？

应聘者B：因为到年底了，所以最近一次产品推介会从规模和人数上和以往不同。现场来的企业代表基本都是采购负责人，他们对我们的产品很感兴趣，现场的气氛也很热烈，这次推介会我们签了20份合同，并且扩大了产品的知名度。

David：不错，看来效果还是很好的。

…………

David期望应聘者B能独立承担产品推介会的工作，可事实证明他做的完全没有说的效果好。

员工招聘与甄选是中层管理者必过的一道关，针对案例中David遇到“面试时的说辞和实际工作中表现完全不符”的尴尬局面，笔者推荐一个比较经典的面试方法——STAR行为面试法。

行为面试法是通过要求应聘者描述过去的行为事例来预测应聘者将来工作行为的方法。行为面试法包括4个要素：

- S：Situation，情境，即发生行为的时间、地点、人员等状况信息。
- T：Task，任务，即遇到的问题或要完成的任务。
- A：Action，行动，应聘者采取的行动。
- R：Result，结果，行动取得的成效。

图2-1　STAR行为面试法

这4个要素简称为STAR，在面试过程中这4个要素缺一不可。

下面我们模拟一个场景，具体如下。

面试官：请讲一个在你作为网络管理员期间遇到的一件突发事件。

应聘者：那天下班前网络系统突然出现了故障，而第二天就要召开华东区第三季度的视频会议，部门的同事也请了病假。……（S/T）

为了不耽误视频会议，我连夜进行了检修，但是由于故障比较鲜见，我查阅了相关资料，在此期间我又请教了在外开会的技术总监，一直到凌晨4点多。……（A）

最后终于恢复了网络的畅通。……（R）

这是应聘者描述的完整STAR行为，也称为“完整行为事例”。而实际面试过程中，招聘者往往根据经验和直觉去判断应聘者，容易偏离STAR进行提问；应聘者也会答复“假行为事例”和“不完整的行为事例”，这同样需要招聘者既掌握有效的方法，又具备鉴别真伪的“火眼金睛”。

二、基于行为事例进行辨别与跟进

假行为事例通常是应聘者在进行描述时所采用的含混不清的、主观感受或是尚未办到的事情，而没有具体说明实际行动。此时应聘者所采用的描述词语多为：假如、如果、我会、我想、我认为、我觉得、通常、时常、一般来说等。

在与应聘者A、B进行面试的过程中均出现了“假行为事例”的回答。作为主考官应该进一步追问以求取得正确的STAR。具体参见表2–3。

表2–3　假行为事例

<table>
<tr><th rowspan="3">假行为事例</th><th>David的提问</th><th>假行为词语</th><th>主考官问题跟进</th></tr>
<tr><td>刚才你介绍了一些情况，如果你应聘到Eagles公司，作为一名有经验的业务拓展代表，你将如何维护客户？</td><td>你将……</td><td>请举例说明你做业务拓展代表期间维护客户时的一个情景。</td></tr>
<tr><td>应聘者A回答</td><td>假行为词语</td><td>主考官问题跟进</td></tr>
</table>

续表

	假如我有幸加入，我想我会从以下几方面来做： 第一，提高有效电话量，以量变达到质变； 第二，把客户分级，不同级别的客户采用不同的维护和沟通方法； 第三，增加客户维护方法的多样性，做到因人而异。	假如 我想 我会	请问你的目标客户群是怎样的？ 每天的有效电话量是多少？ 请列举出你的客户分级情况，并举例说明对不同级别客户是如何进行沟通和维护的？ 请说明客户维护的方法，以及你认为有代表性的客户是如何维护的？
	应聘者B回答	假行为词语	主考官问题跟进
	我很愿意效劳，因为当时部门人手有限，我是产品推介会主要负责人．对这方面还是比较熟悉的。	比较熟悉	请详细说出举办一个产品推介会的流程。

不完整行为事例是应聘者只描述了STAR中的部分行为事例。不完整的行为事例同样需要主考官进行问题跟进。具体参见表2-4。

表2-4 不完整行为事例

	应聘者A回答	STAR解析	主考官问题跟进
不完整行为事例	好的。去年年初，公司遇到了一位大客户J先生，但是又很难攻下来，经理就把这个重任交给了我。（S/T）我先通过电话和他进行前期沟通，还算顺利。之后我就约时间去当面拜访以进一步介绍我们的产品。因为J先生日常工作和会议将日程排得很满，我想尽了很多办法去接近他，也曾经求助过我的上级协助。J先生职位很高，确实花了我不少时间。（A）	A回答不充分；缺少R	请详细说明你采取的与J先生沟通的办法。最后这件事情的结果怎样？你的上级对你的表现怎样评价？
	应聘者B回答	STAR解析	主考官问题跟进

续表

	因为到年底了，所以最近一次产品推介会从规模和人数上和以往不同。（S/T）现场来的企业代表基本都是采购负责人，他们对我们的产品很感兴趣，现场的气氛也很热烈，这次推介会我们签了20份合同，并且扩大了产品的知名度。（R）	缺少A	在负责产品推介会的过程中你的角色和主要职责是什么？ 请具体地描述你是怎样组织产品推介会的？

通过以上STAR行为面试法的学习，我们可以制作一个“STAR行为面试记录单”，详见表2-5，以更好地帮助我们进行面试筛选。

表2-5　STAR行为面试记录单

能力与素质点	主考官面试问题	应聘者的STAR行为记录	主考官跟进问题
		S： T： A： R：	
		S： T： A： R：	

三、面试问题设计与样例

实际上没有什么方法是能解决所有问题的，面试的目的就是要在有限的时间内判断候选人是否适合这个岗位。但是事情总是有双向影响的，如果面试者对这个STAR行为面试法也很精通的话，是不是他就能根据你这个“套路”来设计他的回答话述呢？

在这里，笔者的观点是，对于资深职场人士来说，这些所谓的方法已经不适用了，但是这并不是绝对的，同样的武器，给功力深厚的高手来用，威力绝对巨大。所以这个面试方法也是同样的道理。经验丰富、知识全面的面试官还是可以在沟通谈话的过程中对面试者作出准确判断的。实际上，这个面试方法的学习，面试话术的设计，都是学习的过程，而你的功力就是在这个过程中形成的。我们在后文会为读者朋友们列出参考的面试问题。现在我们按照情境（Situation）、任务（Task）、行为（Action）和结果（Result）来进行进一步的引申，按照文化目的、第一步问题和追问问题3个层次的逻辑来设计问话：

- 情境（Situation）

目的：探询面试者的视野，通过阐释问题来判断他看问题的深度和广度。

第一步问题：你说的那个项目/任务，发生的背景是怎样的？

追问问题：在你看来，是什么样的因素导致这样的状况发生呢？

- 任务（Task）

目的：确认面试者对自己工作的认知与理解是否准确无误。

第一步问题：在这个事件里，你当时的任务是什么？

追问问题：你怎么看待/理解这个工作任务？

- 行为（Action）

目的：通过面试者对其行为的陈述思考他的动机。

第一步问题：当时你说了什么？做了什么？

追问问题：你在其中扮演了一个什么样的角色？你当时是怎么想的？

- 结果（Result）

目的：通过对结果的描述看面试者对利益相关者的关注程度。

第一步问题：该事件的结果是什么？产生了什么样的影响？

追问问题：你对这件事的思考是什么？

关于面试话术，笔者在这里为读者列出来一些可参考的样例，大家可以结合这样的方式来设计自己的问题。

- 工作经历方面的问题

请描述一下近期从事的工作？你是怎样度过一天平凡的工作的？

在工作中遇到的最大问题或困难是什么？

在过往的经历中，让你最值得骄傲的，或者最突出的成绩是什么？

- 是否了解新工作的问题

您是怎样看待所申请的这份工作的？有什么特别介意（不能容忍）的地方吗？

您认为自己的哪一方面最使你有资格做这项工作？

如果您被雇用，在哪些方面能立即发挥作用？

您受的教育和培训对这项工作在哪些方面有帮助？

- 弱点

您自认为有哪些弱点？

您在哪些方面需要上司的帮助和指导？

您的主管领导在哪些方面称赞过您？

- 动力

您为什么选择这份工作？

您的长期职业生涯目标是什么？

您想怎样实现这一目标？

对于您以前做过的工作，您最喜欢什么？最不喜欢什么？

从现在起5年内，您希望自己干到哪一岗位？

- 稳定性

离开目前工作岗位的原因是什么？

为什么现在要找工作？

您最初的职业生涯目标是什么？

- 灵活性

请讲述一下在工作中遇到的棘手问题？

当时是怎样解决这些问题的？

当您一个人解决不了问题时，您去找谁商量？

到目前为止，您一生中最大的失望是什么？

- 合作性

您在哪些部门工作过？

您在部门中的作用是什么？

其他人对您的评价如何？

The Leadership Challenge of Lion's Share

第三章 激励赋能，授权他人

领导者个人必须超越控制者角色，进入旁观境界，不能与下属竞争，也不能越俎代庖替下属思考，替下属作决策。领导者一方面致力于使下属成为独立的有自我成就激励的人；另一方面还应当成为组织的“发动机”，为组织输入深刻的激励。

第三章　激励赋能，授权他人

一、授权是激励的有效手段		
1. 授权的意义	管理者与员工的共同成长	授权实践是上下级锻炼成长的最佳通道
	授权是深层次激励	上司得到成就感，下属获得价值感
	激励理论的基础	需要和目标影响了动机
2. 授权的艰难与必要	授权的艰难	管理者要有更多的时间做策略性思考
		增进整体团队的工作绩效及士气
		授权实质是人们对自己内心某种情节的扬弃
	授权的必要性	管理者需要争取时间和空间去做更有价值的事情
二、授权不授责		
1. 授权不是放手	授权不是交给别人就行了	你还要为被授权人的结果负责
	授权需要“扶上马，送一程”	联想在倡导这种传承机制
2. 授权后的责任更大	责任不会因为授权而减少	授权者担负全部责任
	授权不是躲清闲	授权者应该预计到下属犯错并对其负责
3. 明确授权的边界	核心是明晰的组织架构与汇报关系	授权者应该预想到受权者可能遇到的障碍，并主动为之清除
三、授权四步骤		
1. 授权者对任务通盘考虑	交代任务的背景情况	让被授权者可以专注投入地工作
	明确任务的完成标准	
	与对方确认任务实施的具体举措	

2. 选择恰当的人选	考量工作能力与工作态度	判断员工的适配程度
3. 明确授权的“责”“权”“利”	“责”，确定任务成功的要点和设定执行中的考核点	明确下属能干什么不能干什么
	“权”，明确与之匹配的权力和支持	
	“利”，告知奖赏及后果	
4. 授权要有仪式感	恰当的授权形式能激发员工的使命感	授权也需要营造仪式感
四、授权后的跟进		
1. 评估自己的管理风格	授权的前提是信任	信任的前提是能力和态度都合格
	了解自己的管理风格	了解自己是为了更好地管理自己
2. 监督工作进度的手段	对工作的控制	静态控制：工作目标、工作职责、工作计划、工作奖惩规定
		动态控制：为预防和纠正失误、偏差而采取的指挥、调整和协调手段
	对员工的控制	造势
		提高下属的曝光率
		及时反馈并公布结果
3. 授权的撤回	用行动告诉下属工作要善始善终	撤回授权意味着授权过程的结束，体现严肃性

第一节 ┃ 授权是激励的有效手段

一、授权的意义

授权，就是上级委派给下属一定的权力，使其在一定的监督下有相当的自主权和行动权。授权者对被授权者有指挥权和监督权，被授权者对授权者负有报告及完成任务的责任。

授权实质上是将权力分派给其他人以完成特定活动的过程，它允许下属作出决策，也就是说，将决策的权力从组织的一个层级移交至另一个层级，即由组织中较高的层级向较低的层级转移或移交。

组织管理中授权也是必要的，只有向下授权才能调动基层管理者和员工的积极性。授权也可以在其他方面起到积极作用，具体体现在以下几个方面。

- 对管理者而言，有效授权可以让他们腾出较多的工作时间做策略性的思考；
- 对基层员工而言，授权可以让他们学习新的技巧和专长，并有机会发展能力，在事业生涯中更上一层楼；
- 对公司而言，授权可以提高团队的整体工作绩效。

案例8

信任激发创造力

海底捞最大的特点就在于对员工有绝对的信任，虽然企业里也会有少数害群之马，但是董事长张勇一直没有放弃对绝大多数员工的信任，他一直强调海底捞就是员工的家，每个员工都是家人。海底捞对员工的授权实属少见，普通一线员工也有给客人打折和免单的权力，每位服务员都拥有200元额度以下的菜单免单权。海底捞的每位客户消费金额一般是在60—70元，200元相当于两三个人的消费总额，只要是员工认为有必要，就可以给客人加一道菜或者免一道菜，甚至是免一单。这是同行中经理以上的领导才有的权力，也就是说，海底捞的每位服务员都相当于经理。人是很奇怪的动物，一旦被某人或者某事信任就会产生责任感，不由自主地把所有的事情当成自己的事情。正是由于信任，所以海底捞的员工有了经理级别的权力，员工也因此信任海底捞，真心为海底捞付出。

2009年，张勇在为北京大学MBA（Master of Business Administration，工商管理类硕士研究生）的学生讲课时，一个学生问："你赋予每个服务员免单权，难道没有人利用这种职务之便为自己谋利，或者滥用职权吗？"

"如果是你的话，你会吗？"张勇的反问让学生集体沉默了，因为每个人都想对得起这份信任。

企业领导有一项很重要的职责，就是要学会授权。企业发展越大，领导越不可能事事都亲力亲为，这个时候就必须学会授权。其实授权一直是企业领导一项很重要的职责，只是有许多企业虽然口号上喊着授权，但是实际上根本不会授权，事无巨细亲力亲为，工作效率自然低，且企业创造的价值也不高。企业领导不授权一方面是由于下属不成熟，无法胜任工作；另一方面是由于领导对下属不信任。这两者共同构成了恶性循环。

海底捞的成功，原因之一就是信任管理，管理者与员工之间双向信任，上下级之间相互认同，员工对企业产生归属感后就会被激发出潜力和积极性。

案例8（续）

信任激发创造力（续）

某次在海底捞上海分店，回头客邬女士点菜时问了一句："撒尿牛肉丸一份有几个？"细心的服务员知道她可能是怕不够，于是并未立刻回答邬女士的问题，而是说："姐，您一共有几位客人？"邬女士回答："10位。"服务员说："我们的撒尿牛丸一份有7个，但是可以给您专门做一份10个的。"

还有一次，客人在吃饭的过程中，服务员张某兰发现客人把一盘鹌鹑蛋菜中的萝卜丝夹到碗里吃，张某兰觉得客人肯定爱吃萝卜丝，于是她立即让厨房多准备了一份萝卜丝，然后又添加了几味调料。当服务员将调好的萝卜丝端上去后，顾客无比的惊讶，"我想阿姨应该喜欢吃萝卜丝，于是便让厨房专门拌了一盘萝卜丝，不知道阿姨喜不喜欢？"客人对此感到非常高兴，边吃边问萝卜丝是怎么拌的，最后又多加了一份米饭，把拌萝卜丝的汤汁倒在米饭里，说这是她吃过的最好吃的米饭。接下来的一个月中，这位客人来了3次，并把她的很多朋友都介绍了过来。

张勇说："海底捞并不刻意推行创新，我们只是努力创造让员工愿意工作的环境，结果创新就不断涌现出来了。"海底捞曾经也试图在考核制度里加入创新元素，只是刻意地安排之后创新反而变少了，其实任何严格制度的设立都是对员工的一种不信任。美国学者弗兰西斯曾说："你可以买到一个人的时间，你可以雇一个人到固定的工作岗位，你可以买到按时或按日计算的技术操作，但你买不到热情，你买不到创造性，你买不到全身心的投入，你不得不设法争取这些。”

在行为科学中，授权属于激励行为的一种，现在的激励理论多以研究论述需要和目标为出发点。对于“需要”的研究，回答了以什么为基础，或根据什么才能激发调动起员工的工作积极性的问题，包括马斯洛的需要层次理论、赫茨伯格的双因素理论和麦克利兰的成就需要理论等。最具代表性的马斯洛需要层次理论就提出，人类的需要是有等级层次的，从最低级的需要逐级向最高级的需要发展。需要按其重要性依次排列为：生理需要、安全需要、社会需要、尊重需要和自我实现需要。当某一级的需要获得满足以后，这种需要便中止了它的激励作用。激励理论中的过程学派认为，通过满足人的需要实现组织的目标有一个过程，即需要通过制定一定的目标影响人们的需要，从而激发人的行动。此类学派包括弗洛姆的期望理论、洛克和休斯的目标设置理论、波特和劳勒的综合激励模式、亚当斯的公平理论、斯金纳的强化理论等。

最具代表性的弗洛姆的“期望理论”认为，一个目标对人的激励程度受到2个因素影响：

一是目标效价，指人对实现该目标有多大价值的主观判断。如果实现该目标对某人来说很有价值，那么他的积极性就高；反之，积极性则低。

二是期望值，指人对实现该目标可能性大小的主观估计。某人只有在认为实现该目标的可能性很大时，才会去努力争取实现，从而在较高程度上发挥目标的激励作用；如果某人认为实现该目标的可能性很小，甚至完全没有可能，那么目标激励作用就会较小，以至完全没有。

在弗洛姆之后，美国管理学家E.洛克（E. A. Locke）和休斯（C. L. Huse）等人又提出了“目标设置理论”。概括起来，主要有3个因素：

一是目标难度。目标应该具有一定的难度，那种轻而易举就能实现的目标缺乏挑战性，不能使人奋发，因而激励作用不大。但是，高不可攀的目标也会使人望而生畏，从而失去激励作用。因此，目标难度应当适当。

二是目标的明确性。目标应明确、具体，诸如“尽量干好”“努力工作”等笼统空泛、抽象性的目标，对人的激励作用不大。而能够观察和测量的具体目标，可以使人明确奋斗方向，并充满干劲。

三是目标的可接受性。只有当员工接受了组织目标，并与个人目标协调起来时，目标才能发挥其应有的激励功能。为此，应该让员工参与组织目标的制定工作。这样做比由管理者将目标强加于员工，更能提高目标的可接受性，使员工把实现目标看成自己的事情。

授权行为是员工激励的综合表现，事实上，授权也是激励的最高境界。

二、授权的艰难与必要

在企业管理和中高层管理培训中，“授权”是一个必须要提及的话题，但也是一个永远无法完成的命题，因为这件事看上去似乎需要高超的工作技巧，但实质上是以人们对自己内心某些情结的扬弃过程为前提的。授权给他人，对于那些“能干”的管理者来讲，就是战胜“自己（或者叫习惯）”的过程，然而人往往最难战胜的就是自己。

领导者个人必须超越控制者角色，进入旁观境界，不能与下属竞争，也不能越组代庖替下属思考，替下属作决策。领导者一方面致力于使下属成为独立的有自我成就激励的人；另一方面还应当成为组织的“发动机”，为组织输入深刻的激励。

实现以上目标必须努力完善管理制度，让程序和规则去负责。

许多管理者并不认同这一点，他们很享受做精神领袖的感觉，享受与下属沟通时击败和指使下属的那种威风。但他们的这个习惯并不利于企业组织水平的提升。

均瑶集团董事长王均瑶，因患肠癌医治无效在上海逝世，年仅38岁。王均瑶英年早逝，令人惋惜。这反映了民营企业家在精神和体力上过度劳累的情况，也引起了人们对中国企业家健康状况的关注。

在外人眼中，企业家总是被鲜花和荣誉所环绕。然而，企业家真实的生活状况，并非像他们表面所展现的那样光鲜。在企业家中间流行着一个顺口溜：吃得好，营养少；喝酒多，吃饭少；陪笑多，欢乐少；住店多，回家少；看似潇洒，其实内心孤独。看似调侃的描述，却真实地反映了中国企业家的生活状态。相关调查表明，中国的企业家和创业者一般每天要工作14个小时左右。他们忘我地投身于事业之中，在成就自我的同时，也付出了沉重的代价。在商场上叱咤风云，纵横捭阖的实业界精英，最终没有输给自己的竞争对手，却输给了自己。

案例9

创业者心语

珠三角老板圈子里流行着一句话：老板不是人干的。还有一句话：如果你想让一个人累，就让他当老板吧。很多老板说：“我没办法不忙啊，手机一刻都不能关，关机的话员工就到处找，找不到就乱套了。再说我也不放心啊，公司这么多事情等着我处理。”这样的老板在顺德有很多，特别是一些中小企业老板，他们早晨5点起床，凌晨1点睡觉，中午没有时间休息，每天都从早忙到晚。这几年来，企业所面对的压力比以前大了很多，原材料涨价、人民币升值、市场竞争越来越激烈等问题都使很多中小企业面临着严重的生存问题。

在这种压力面前，老板们似乎更忙。但造成他们忙的原因多数不是形势或市场因素，而是缺乏领导艺术和管理缺乏创新。

企业中的管理者有多少人愿意并且有能力在管理中授权？前美国参议员及贝尔公司董事长查理·波西曾经说过这样一段话：“在我从事管理工作的早期，曾经学到的一个教训是：不要想一人独撑大局，要仔细挑选人才，雇用人才，然后再授权给他们去负责处理，让他们独立作业，并为自己的工作负责。我发现，帮助我的下属成功，便是帮助整个公司成功，当然更是我个人的最大成就。”无论是中层管理者还是更高阶层的管理人群，其实授权都有一个非常重要的前提，即首先你要“愿意授权”，其次才是考虑如何授权。如果领导者没有认识到授权是培育下属、给下属锻炼和成长的机会的话，授权就很难有效。

企业的中层管理人员大多都是从基层成长起来的，优秀的工作表现将这些人带上了新的高度，这种“与生俱来”的优势如果不能得到充分的展现也是一种痛苦。所以，关键在于中层管理者要明白，授权是发挥下属价值的最佳途径，也是他们为组织作出贡献的最佳方式。

那些“优秀”的管理者在庆幸自己的工作量减少的同时必然也有失落，因为他们获得某种成就感的机会减少了。

笔者接触过大量的企业中层干部，其中也包括其他管理阶层的员工，他们一直抱怨自己太忙了，可是我们却总能感受到他们在抱怨的同时，也在享受这种状态。很多人认为“忙”是有能力的象征，他们虽然表面上满是无奈，但心里却以此为傲，在工作中“痛并快乐着”。理论上这些管理者也明白凡事都亲力亲为并非长久之计，一旦这种工作方式成了常态，“双刃剑”效应就开始显现，在这种习以为常的惯性工作中，大脑完全被手脚指挥，留下的只有情绪和习惯。因此，忙得“疲”了和情绪低落的现象在管理者身上就变得十分常见。

案例10

授权不易

王越是一家电脑公司的营销总监，他每天要处理上百份的文件，此外还要处理诸如海外传真的商业最新信息等。他经常忙得连喝咖啡的时间都没有，只恨自己没有生出三头六臂来。

由于公司营销部门的所有决策权力都掌握在他一个人手中，因此每个人都在等他下达指令。每天只要他一走进办公室，职员就会把他团团围住，有的要他批阅文件，有的要他签署合同。

就这样，他每天都在超负荷地工作，根本没有时间考虑公司的发展、年度财政计划、人员的聘任调动等更重要的事情。他也尝试过聘任一位助手来帮助自己，可这样做的结果，除了让自己办公桌上多一份报告外，没有任何的帮助。

他问自己：问题出在哪里了呢？

上述案例中这位管理者的最大问题就是——不懂得授权！

作为公司的管理者，你的职责是引领，而非运营。

管理者若把所有的工作都揽到自己身上，不仅使自己疲惫不堪，公司发展缓慢，更无法提升下属的能力。最后，把自己的身体累垮了，公司的业绩却还是老样子。

中层是企业的传感器和传动轴。中层管理者需要把上面的压力向下分解，把下面的感受向上反馈，还要协调基层配合高层。这些工作任务要求中层领导者应该忙，但不应该忙得没有头绪，他们必须要给自己时间思考以防止“没有头绪”的产生，这就涉及了授权的问题。

前面我们提到过“中层进行任务分解，基层执行”的观点。把一些工作任务授权出去，可以为自己争取时间和空间去做更有价值的事情。

第二节 ▎授权不授责

一、授权不是放手

案例11

授权不授责

项目经理郑某听完李某对问题的描述后，把坐在办公室后排负责编写该文档的工程师肖某找了过来，当着李某的面说：“李经理，文档是肖某编写的，我在把这项工作授权给他时，已经非常清楚地交代了应该怎么做。所以，文档出现了客户投诉的问题，应该让他承担全部责任。”

李某觉得郑某处理这个问题的方法不妥，但又不好当着项目组成员肖某及部门其他员工的面指出郑某处理该问题的不当之处，于是对郑某说：“好了，这件事我们先这样吧。你处理完手头工作后来我办公室一趟，我有其他事情找你。”

半小时后，郑某敲开了部门经理李某办公室的门。李某招呼郑某坐下。

郑某：“李经理，您找我有什么事呀？”

李某：“没有其他事情，就是刚才客户投诉的事情。”

郑某：“客户投诉的事情，您不是已经清楚了是肖某负责的吗？”

李某：“郑某，你刚才在客户投诉这件事情上处理得不妥当。你不能当着我的面把责任推给肖某。刚才当着部门其他员工的面，我不方便说你，所以才单独把你请到我的办公室来和你沟通。”

郑某不解地说：“李经理，我这不是把责任推给他啊，是他自己做的工作啊。况且，我把这项工作分配给他时，已经和他交代清楚了，也和他说过如果没有做好，他是要承担责任的。”

李某：“你这样分派工作并没有错，在分派工作时提醒他要对工作的质量负责也没有错。”

郑某：“您认为我到底错在哪里呀？”

李某：“你要知道，授‘权’是不授‘责’的。”

郑某：“您的意思是说，下属做的所有工作，都需要由管理者承担责任吗？”

李某：“是的，管理者需要对下属所完成的工作承担责任。”

郑某：“如果是这样，下属在工作上不就没有责任了吗？”

李某：“当然不是。”

郑某：“我是去年下半年才担任项目经理的，这也是第一次遇到客户投诉的问题。在这种问题上我还没有处理经验，您看我应该如何处理比较合适？”

李某：“作为管理者，当下属完成的工作出现了问题时，管理者需要勇敢地把责任承担下来，特别是当我们的上司或客户在场时，更不能直接把责任推给下属。事后，我们可以根据之前和下属达成的共识，适当地追究他们的责任，甚至可以给予其必要的惩罚。”

郑某：“李经理，我明白了。因为我是下属的管理者，所以应该承担管理责任。另外，在自己的领导和客户面前把责任承担下来，这样的举动能够赢得下属的信任，同时也能够起到凝聚团队成员的效果。”

授权不是简单地把工作交给他人去做。工作可以转移，责任却不能转嫁。

事实上，授权后的责任更大。原来你只需要为自己所做的工作负责。现在，你把任务下派给别人，那就还要为被授权者的工作负责。

很多人对自己应该干什么很清楚。但往往对什么权力应该放出去、应该怎么放是模糊的。甚至有很多人认为授权就是把事情交给别人去做，这种想法是不正确的。授权的本质是让他人得到锻炼与成长，激发其工作积极性，让管理者有时间和空间做策略性思考，而不是“躲清闲”。管理者应该让授权后的事情仍然在你的可控范围内，这也就是我们经常说的“扶上马，送一程”。

案例12

联想的人才培养

柳传志于1984年创办联想。杨元庆于1989年进入联想集团工作，1995年出任联想集团总裁助理，并于1996年晋升集团副总裁。

2004年，联想集团收购IBM（International Business Machines Corporation，国际商业机器公司）个人电脑业务后，杨元庆接替柳传志任董事会主席职务。后来联想遭遇金融危机亏损严重，柳传志于2009年2月重新出山，担任公司董事会主席。复出半年后，联想扭亏为盈。柳传志从2009年联想巨亏之时临危复出，为杨元庆保驾护航将近3年，柳传志选择在联想连续8个季度实现业绩增长的时候再度隐退，将杨元庆再次领到前台，可谓用心良苦。这样的交接对杨元庆和联想集团来说都是一次重要的蜕变节点。在第一次失去柳传志这根拐杖的几年时间里，联想一度摔得爬不起来。而现在，证明的机会又一次摆在了杨元庆面前，相信他也能比从前走得更加稳健。

柳传志创造的“扶上马，送一程”的做法现在已经成为联想的传统。柳传志认为，把人才扶上马后，自然要送一程，当员工具有相当经验和技能时，就可以作为公司的中层骨干。主管可以将重要的工作交给他做，如重要项目的谈判、公司最主要客户的拜访、公司重要决策的参与制定等，主管此时就摆脱了具体指导阶段，成为员工的支持者。而这才是管理者真正该做的，最有价值的事情。

既然是优良的传统，被有效传承就显得尤为重要。2005年9月，联想第二代少帅陈绍鹏被任命为联想大中国区总经理，杨元庆对媒体称自己对陈绍鹏非常放心，并告诉代理商尽可以放心地和陈绍鹏合作，杨元庆的支持为陈绍鹏的工作打开了良好的局面。从1990年起，联想开始大量提拔和使用年轻人，几乎每年都会有数十名年轻人受到提拔和重用。

二、授权后的责任更大

授权不等于授责，所以需要监管。一个普通员工跟一个工作十几年的老员工相比，对责任的心态肯定不一样，同样地，一个基层管理者或者普通员工做事情的心态与负责程度跟中层管理者也是不同的，大多数的授权都需要跟进，如果授权后就不再过问，等问题出现才去补救可能为时已晚。所以必须要“有效授权”，许多尝试授权的中层经理把工作交派给下属之后，常常会认为自己终于把肩上的一副重担卸下来了。然而事实恰恰相反，授权之后的中层经理人员肩上的担子不是减轻，而是加重了。授权无疑能带来工作实质内容的扩展，但作为授权者，你对所有的工作——已授权的和未授权的都负有同样的责任。

更重要的是，中层经理必须要知道：错误是授权的一部分。下属在工作的过程中犯错误是不可回避的，尤其是在你刚刚授权，下属初次独立决策完成任务时，失败和错误在所难免。作为授权者的你应该预计到并接受下属所犯的一些错误，并明确自己对下属所犯的错误有义不容辞的责任。

事实上，下属的错误对于组织来说并不能完全计入"损耗"，有时会是"代价"，换来的是其他更加宝贵的东西，如教训和经验。代价不太大的错误，对于下属来说是很好的锻炼机会，对于中层管理者来说，也能够帮助他提升自己的管理水平。此外，这对领导者来说也是一个绝佳的树立威信的机会。一个信心十足、授权有效的中层经理应该对下属说："别怕失败，全力去把事情做好，责任由我来承担！"

案例13

吴士宏鼓励下属"犯错误"

1994年6月23日，吴士宏携带全部行李来到广州，担任华南区总经理。吴士宏上任后的第一件事，就是把公司里"乖孩子们"踢出去，赶到市场上去！吴士宏告诉他的销售人员，别怕犯错误，什么错都不犯基本上等于什么事都不干，都出去犯几个漂亮的错误！

吴士宏在南方的两年当中，华南分公司从四十几人发展到240人，业务翻了几番，终于超过了"人众年长"的上海华东分公司。

三、明确授权的边界

案例14

毛韦是大华公司的培训中心负责人，目前他正参与一项重要的领导力发展项目，这个项目是公司副总裁秦川发起的。程佳作为秦川最信任的下属之一，负责项目的各方沟通协调工作。

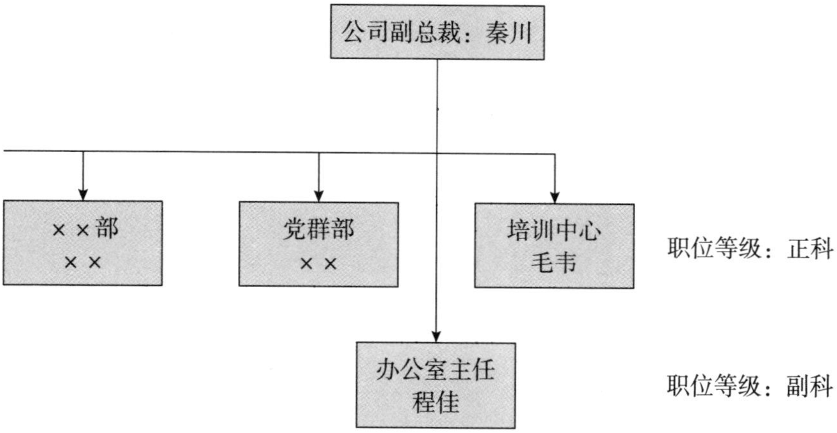

图3–1　大华公司组织架构

随着项目的开展，毛韦越来越明确地感到整个项目存在严重的问题：自己作为项目的主要实施负责人，与外部专家的沟通都要通过程佳，而程佳又有很多事情需要替秦总协调，对这个培训的关注投入非常有限。但是秦总对这个项目非常重视，多次询问毛主任项目的进展和阶段性成果，这让毛主任感到非常困扰，虽然是为公司利益着想，但如果自己过多地参与或发表意见，可能会让程佳觉得自己在“越权”，毕竟程佳是秦总身边的人，今后还要打交道。

案例14中毛韦的矛盾心态和工作困惑，就是高级领导者秦总导致的。这里的程佳和毛韦都想要做好工作，二人在能力上也都没有什么问题，但整个项目的进度却很不理想。

授权者应该预想到被授权者可能遇到的障碍，并主动为之清除，只有这样才能让被授权者真正在工作中得到锻炼和成长。

工作中显而易见的难度总是相对容易发现并解决，但是类似案例14中这样的“微妙”问题，就需要管理者具备洞明世事的犀利眼光和丰富的基层工作经验才能体会到，更何况相当多的高管因为事情繁多，并无法处理这样的“小事”。

对待由多个部门协调的工作，组织者必须事先解决部门间的沟通问题，界定各关键岗位和人物的职责分工。组织管理层面就是要明确组织架构，让每一个人都知道自己该向谁负责。

第三节 ┃ 授权四步骤

授权是有方法的。有些人的看法就是“疑人不用，用人不疑”，其实这不是方法，而是态度。态度不是一件事情得以正常发展的保证。

作为企业的中层管理者，我们几乎没有时间去按照一个所谓的方法开展工作，如果那样做就是死读书，读死书了。

在行动前有一个相对全面的思考是非常必要的。关于授权，其实也是有一个流程的，我们在这里姑且称其为授权的四步法：一是授权者通盘考虑；二是对任务要选择恰当的人选；三是明确授权的“责”“权”“利”；四是授权要有仪式感。

一、授权者对任务要通盘考虑

授权者必须对事情进行通盘思考，做到心中有数，主要总结为以下几点：

- 考虑任务的完成标准——让下属执行时具备可以参考的标准，而不是一边做一边想我该做到什么程度，这样是否算是完成任务；
- 任务的背景情况——让下属理解该项工作的意义，明白自己所做事情的重要性；
- 任务实施的具体举措——与下属就工作的开展达成共识，确定跟进方法以保证方向。

二、选择恰当的人选

选拔能够授权的人，既需要确认对方的工作能力是否足以完成任务，还要明晰其是否有足够的工作热情。这两个方面的考量都得到确认后才是成熟的授权时机，否则就要做好充分的准备，因为无论哪一方面不足都必然会出现相应的问题。如图3-2所示：

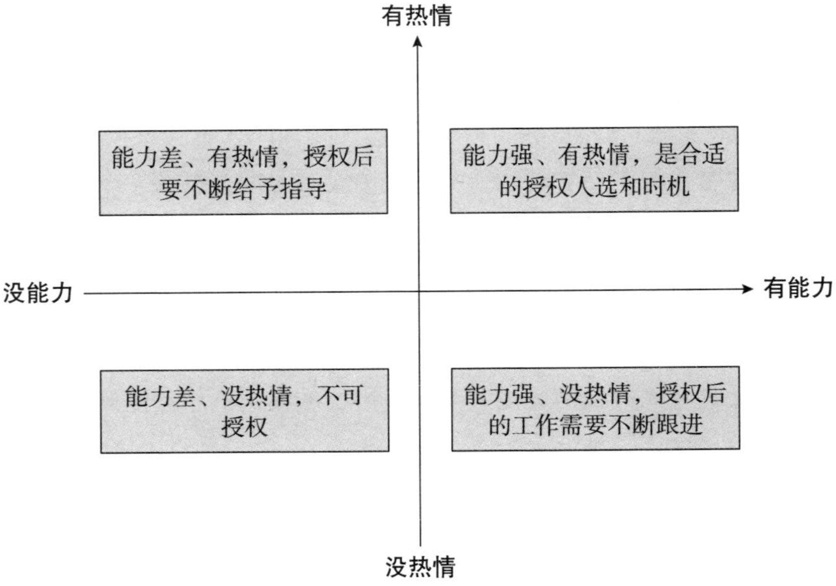

图3-2　授权人选的分类

很明显，管理者都喜欢能力强，热情高涨的人才。但是这样的人总是少数的，如果你有这样的员工千万要珍惜，不要等对方提出不满后你才考虑补救措施，这样就为时已晚。

案例15

赢得信任①

1986年6月初，褚时健收到一封电报，电报是意大利GD公司发

① 周桦：《褚时健传》，中信出版社2016年版。

来的，GD公司想让在玉溪卷烟厂做技术支持的高级技术人员塞鸠先生回国，电报里这样写道：厂长先生请您放心，像塞鸠先生这样的技术人员我们公司还有很多，他们一定能胜任贵厂的工作，将塞鸠先生调用回国是我们公司内部的正常工作需要。

当时，厂里正处于8台X1包装机全面调试的关键时刻，最需要生性严肃且技术高超的塞鸠先生的指导。这些机器早一天投产，每台就可以增加3万元产值。塞鸠先生得知这一电报内容后非常生气，并扔下工具停止了自己的工作。

这事被褚时健知道后，他随即以厂长的名义向意大利GD公司董事长发了一个电传，极度赞扬塞鸠先生的出色工作，并向总部要求继续将塞鸠先生留在厂里。

意大利GD公司董事长见褚时健亲自发来电传，也就同意了他的意见。此事被塞鸠先生得知，他非常感动，褚厂长为了留下他，竟然亲自与总部沟通，他甚至给褚时健写了一张纸条，激动地称褚时健是世界上最好的人，并表示要把自己的一生都贡献给玉溪卷烟厂。

能力差、有热情和能力强、没热情的员工是比较多的。绝大部分人都是有不足的，这也是我们的授权工作总是难以尽如人意的根本原因，也是联想“扶上马，送一程”机制的必要性所在。

至于能力差、没热情的人，很少会被提到“被授权”的范畴里，所以这里不做讨论。

三、明确授权的“责”“权”“利”

- 关于“责”，就是清楚告知下属员工相关任务的职责，与之确定任务成功的要点和设定执行中的考核点。

- 关于“权”，明确与之匹配的权力和支持。前文中杨元庆告知代理商放心与陈绍鹏合作，就是在对其工作给予支持。
- 关于“利”，告知下属员工奖赏及后果。

案例16

成功授权

赵佳是部门的销售骨干，业绩一直名列前茅，公司也有意培养他，目前让他负责3人的销售团队。

今年公司的战略规划涉及华东市场的开拓，公司（老总）决定让赵佳去负责华东两省的工作。由部门张总监对赵佳进行授权面谈，那么张总监该考虑哪些因素并如何组织语言？

责：你要在2年内，使公司的产品在华东两省的市场占有率达到5%，1年内在华东设立5个一级加盟商办事处。

权：公司会给你200万元的市场启动资金，你也可以在公司内部挑选2名手下作为人力支持。同时，人力资源部也会配合你开展华东区的招聘事宜，你还需要在一周内给我一份市场分析方案。

利：如果这些目标你都达到了，公司将提升你为区域总经理，同时额外奖励你10万元奖金。但是，如果达不到目标，公司在华东的市场就会陷入被动，公司会重新考虑华东区的负责人选。

四、授权要有仪式感

授予员工对某件事情作出自主决策的权力，是组织对员工信任和看重的最佳表现手段。若能在形式上让员工的这种心理得到满足可能更能激发员工的使命感。

案例 17

工作也需要仪式感[①]

听说林徽因在夜间作诗前都要做足仪式感，例如必定要焚香并插上鲜花，沐浴后穿上一袭白绸睡袍，在摇曳的烛光里品诗冥想，大概那首有名的《人间四月天》就是在这样的氛围里横空出世的吧？作家林燕妮在一次采访里说，她写作前喜欢铺开粉红色的稿纸，还要在稿纸上喷香水。别人说她浪费香水，她却说在深夜写作时，温馨的香水会给她营造一个很好的氛围，使她更有灵感。林徽因和林燕妮都是在写作前注重仪式感的人，很多人说，这样会不会很矫情？但或者就是因为对生活和工作还有这份矫情，才证明她们对其有无穷的热爱，如果做什么都潦草地开始，反倒让人觉得敷衍。

重视仪式感的人，有能力把每件事都做成值得回味的纪念版。我的公司有一位HR主管，她特别喜欢买花。每隔两天肯定会有个小伙子把花送到她办公室，有时是玫瑰、有时是雏菊、有时是香水百合。开始时大家纷纷问她谁这么有心天天送花给她。她回答说，这是她为自己订的，在办公室里插上一瓶花，在香气中开始工作，会让她工作起来特别愉快。我观察了一下她的办公室，发现比其他主管的办公室舒服得多。无论是视觉还是嗅觉都给人以美的享受。她特别喜欢把办公桌面收拾得整整齐齐，电脑、笔记本、资料文档各就各位。她说，她每天到办公室的第一件事就是整理桌面、插上鲜花，这是她每天开始工作前的仪式感。因为这个仪式感，她工作起

---

① 庆哥:《工作也需要仪式感》，微信公众号文章。

来更加井井有条，在工作里也能感受到很多愉悦。

朝九晚五的工作确实容易让人觉得疲惫和枯燥，没有热情。但是如果能为自己的每个工作日都创造一些快乐的仪式感，日子就没那么难熬了。还能让自己精神抖擞地在仪式感中开启美妙的一天，在秩序中享受工作的乐趣，如此良性循环，你会比别人更有潜力把事情做到尽善尽美。

第四节 ┃ 授权后的跟进

一、评估自己的管理风格

任务委派后需要跟进。这么做的目的首先是时时了解工作的进展，其次是出现问题时能够及时解决。

这里的“跟进”需要注意方式方法，否则就是对大多数人“疑人不用，用人不疑”信念的践踏，因为大部分人往往忽略了授权的前提条件：一个在态度和能力两方面都达到要求的人才能得到如此的信任。

授权后的跟进包括对人和对事两个方面。这两个关注点往往造成不同的管控形式。图3–3为我们展现了4种不同的管理风格。

图3–3　管理风格划分

- 黑监工：对事关心，对人不关心，或者只关心关键人物。
- 完美领导：对人关心，对事也关心。

- 俱乐部：对人关心，对事不关心。
- 放任自流：对事和人都不关心。

显然，我们自己的管理与跟进模式一定属于其中的一种。正常情况下属于“完美领导”和“放任自流”类型的会占少数，大部分应该属于“俱乐部”或“黑监工”类型。其实管理方式不同也是正常的，作为管理者，尤其是中层管理人员，我们只需要明白自己所习惯的管理模式可能带来的负面影响，有意识地去避免就可以了。指望每个人都成为“完美领导”，是不切实际的。

二、监督工作进度的手段

为实现有效授权，需要中层经理根据自己的管理风格对监督方法进行改善，以适应当前的工作情境，盲目照搬其他方法可能会适得其反。

监督工作可以从人和事两个方面来进行：

1. 对工作的控制

中层经理对工作的控制表现为静态控制和动态控制。

静态控制是对工作目标、工作职责、工作计划、工作奖惩规定做到心中有数。如表3–1所示：

表3–1　静态控制授权计划单

授权计划单
1. 任务细节（职责范围、完成任务的关键点、特殊目的、时间要求等）
2. 人员详细资料（能力、兴趣和主动性水平、时间可能性、与以往培训和经历有关）
3. 培训要求（方法、时间、成本）
4. 权力需求（完成工作所需要的对人、财、物调动的权限）

续表

授权计划单
5.反馈方式（手段、频率）
6.中层经理的职责（职责、实现手段）

动态控制是在工作过程中为预防和纠正失误、偏差而采取的指挥、调整和协调手段。具体参见表3-2。

表3-2　动态控制

控制技术	落实举措
口头汇报	（每天）将领导意见写进日报表
日报表	（每天）记录并提交，不必回复
邮件汇报	（每周）记录并提交，领导回复意见
总结报告	（项目结束）总结经验、教训，改善计划等

2.对员工的控制

中层经理往往对控制“人”感到头疼，在对人的控制上，更能显示出中层经理“方法与艺术结合”的能力。

一是造势。中层经理需要通过自己的一系列努力让下属相信，你在这个项目上拥有较强的控制力。赢得公司的关注与其他部门的支持后，员工才会产生认同感。

二是替下属增加曝光率。每个人都希望被关注，当员工的工作经常被高层提及或他的名字能常被高层提起时，会极大地激发他的工作热情。具体方法如：向领导汇报（电话或邮件）工作时，提及下属的名字，并让他知道；请上级视察项目进度；请求上级为你的团队“打气”等。

三是及时反馈部属的工作进度并公布出来。这其实属于控制手段——对优秀者给予及时的表扬；对落后者要询问原因并尽量采取办法予以支持。奖惩手段的运用要公正透明。例如，与下属回顾授权责任书，商讨避免损失的办法，通报批评要提前沟通等。

三、授权的撤回

如果事情进展出现了重大纰漏或者造成了严重的后果，撤回授权是必须要采取的行动，否则听其自然只会让事情变得更加糟糕。中层经理们在授权撤回上的犹豫不决常常会造成严重的后果。在特定的情况下，授权的开始与授权的结束同等重要，甚至有时后者更有意义。

中层经理的授权，最好是限定在某一个时段内生效。撤回授权也意味着授权过程的结束，从组织意义上看也是一种严肃性的体现。中层经理要让被授权的下属明白：我们应当认真对待工作并善始善终。

The Leadership Challenge of Lion's Share

第四章 绩效改进促动员工成长

对工具的依赖影响了我们对世界作出深刻的认知和正确的判断。绩效评估及相关工具的价值就是为我们服务，人们往往过多关注了工具的应用而忽略了其服务的对象。还有个重点是并非每个人都能评价他人的工作，资质很重要。决定评价结果是否公正客观的关键不在于是否掺杂了个人情感，而在于评价者的资质。如果评价者的资质不够，即使评价标准已被公众认可，依然会发生问题。

第四章　绩效改进促动员工成长

一、认识绩效评估		
1. 绩效评估有难度	绩效评估是所有员工的敏感点	评估的结果直接影响被评估者的个人利益
	众多企业的评估工作开展不理想	绩效评估对所有企业来说都是难点
2. 绩效管理服务于未来	核心目的	为员工明确未来的努力方向
	好的考评制度须透明和公正	多数岗位都是可以提炼出量化指标的
3. 绩效沟通实践指导	绩效面谈的“坑”	时机选择
		沟通目的
		沟通策略
		较少考虑员工的利益
		忽略了绩效管理的本质是评估机制
	不期待完美的制度	最好的企业也存在问题
	绩效管理与沟通问答	对于常见问题和困惑的专业回复
二、绩效面谈的方法和流程		
1. 达成共识	不是告诉员工有问题存在，而是让他同意有问题存在	谈影响，对组织对他人以及对当事人自身
2. 共同协商解决方案	对谈解决办法	让员工说出自己的想法，如果没有，就让他说出你的想法
3. 落实工作计划	确定工作计划的落实	让员工感到自己拥有控制权和参与感
4. 监督执行	根据完成情况及时反馈	奖励任何目标的达成
三、绩效评估需要随机应变		
1. 辩证地看待科学管理	科学管理的本质	以标准来管理
		科学管理富有理性和效率
	辩证分析科学管理	科学管理要注重专业化，也要关注人性化

2. 兼顾“法治”与“人治”	以事为核心	规模型企业需要科学管理
		科学管理需要制度的威慑力
	以人为核心	知识与创造性的企业需要以人为本
		肯定存在有人坐享红利却没有贡献

第一节 | 认识绩效评估

一、绩效评估有难度

绩效评估是组织工作中非常重要的内容。但是，很多人对这项工作却是又爱又恨，为什么？就是因为这个工作需要对人做出评价，需要对人们的工作结果进行评定。每个人都希望得到其他人的认同，并且最好是欣赏意味的赞扬，所以员工对这个评价就会尤其重视。更重要的是，这个评价可能涉及个人利益，评价结果等同于收益，员工们势必会对此锱铢必较。

正因如此，评估后得到“差评”的必然会认为“不公”，进而迁怒于评估制度或执行者。

本章节我们就来讨论一下到底什么才是绩效评估以及做绩效评估的本质目的。

关于绩效评估的认知，可以通过以下几个问题进行思考，从而对其有一个整体的认知：

1.你和你的公司了解绩效评估吗？

A.我的工作从未被评估过

B.公司会评估我的工作，但我并不清楚具体的细节

C.公司会评估我的工作，我也清楚评估什么和怎么评估

2.你现在公司的绩效评估效果如何？

A.就是一个添乱的事，弊大于利

B.不过是走形式，没有实际价值

C.很有价值，由此我更清楚自己应该改善的方向

3.你怎么看自己的工作绩效？

A.我对职责所要求的该做什么，该怎么做很清楚，也很清楚如何改进绩效指标

B.我的工作职责界限并不清晰，大家只是尽心做事

C.公司的绩效根本不适用，还不如没有

4.你认为自己的观点成熟全面吗？

A.是的，我的经验阅历丰富，能做出客观平实的判断

B.我有几年经验，但是很多问题看得不够清楚透彻

C.我的经验不足，但都是我亲身的真实感受

5.关于绩效面谈，你的认知是怎样的？

A.最好是主管领导来谈

B.最好是人力资源来谈

C.最好是直接主管的上一级领导来谈

6.你如何评价现单位管理者绩效沟通的能力？

A.普遍不合格，应该开展专业训练

B.多数人都会谈

C.我觉得大部分人都会谈，也不比那些老师差

这些问题回答完，你是不是对自己所在公司的绩效管理情况有了进一步的感受呢？

二、绩效管理服务于未来

绩效评估是用来评估及证实员工业绩的评审过程，是绩效管理系统的一部分。管理者为了实现组织目标，有必要帮助下属成长，

但仅仅提供辅导是不够的，作为被辅导者，员工还需要知道自己的行为表现对组织和他人造成的影响，并希望得到上级的反馈，无论是正面的还是负面的。某种程度上这就是工作绩效评估的初衷。绩效评估的本质目的不是对员工的过往业绩进行评定，而是帮助员工明确未来的努力方向。

还有一个问题就是：什么样的绩效评估才能被大家（或者大多数人）接受并认可？笔者曾经与企业的管理层探讨过这个问题，人们之所以不支持评估制度或者对其持反对态度，大多是因为觉得它不够公平。现行组织中很多的“评估标准”是企业的高管层与人力资源HR制定的，各部门经理与各岗位员工并未就关键考评项进行论证并达成一致。所以，员工对待公司下达的政策大多从一开始的虚与委蛇变为后期的阳奉阴违，甚至于到最后那个“不得人心”的制度基本就是名存实亡了。究其根本，就是因为大家对绩效考评的标准不认同。那么应该如何改善这个状况？

如果考评的标准得到大多数人的认同，那么这个制度就会具备极强的生命力！我们在培训中经常会让大家比较姚明与科比作为篮球运动员哪一个更有价值？这时大家会说姚明和科比不具有可比性，因为他们的年代不一样、（负责）位置不一样、团队基础不一样等。我们会继续追问：难道这样我们就不做球员价值分析了吗？我们应如何评判球员转会价值、薪酬水平、为团队所作贡献的大小？所以，虽然二人有很多不同，我们还是要做出评价，并希望这个评价尽可能接近公平。那么我们一起来看表4–1。

表 4–1　篮球运动员评分细则

	统计项目	得分
每日排名	第1名至第5名	+10
	第6名至第10名	+8
	第11名至第30名	+5
	第31名至第100名	+3
	第101名至第1000名	+2
	第1001名至第3000名	+1
积分	0≤每日积分≤80	+1
	80<每日积分≤120	+2
	120<每日积分≤200	+3
	每日积分>200	+5
时间	在场时长每10分钟	+1
技术指标	得分（每分）	+1
	进攻篮板（每个）	+2
	防守篮板（每个）	+1
	助攻（每次）	+2
	抢断（每次）	+2.5
	盖帽（每次）	+2.5
	两双（以上任意两项指标达到两位数）	+3
	三双（以上任意三项指标达到两位数）	+10
	指标投篮命中率50%以上	+2
	失误（每次）	-2
	投失次数（每次）（投篮次数-命中次数）	-0.5
	罚失次数（每次）	-1
	犯规（每次）	-1.5
	6次犯规离场	-2
	三分球	+1
	球队获胜（每场）	+3

只要球员们对这个评分体系没有异议，那么谁的积分越高谁就越有价值，想必多数人都不会反对。正是这种真正把被考评人员的工作指标量化的绩效考核标准，才能得到多数人的认可并被执行下去，而不是虎头蛇尾，无端地浪费大量的人力资源和物力资源。

三、绩效沟通实践指导

绩效沟通是绩效管理的核心，是指考核者与被考核者就绩效考评反映出的问题以及考核机制本身存在的问题展开实质性的沟通，并着力于寻求应对之策，服务于企业与员工绩效改善和提高的一种管理方法。

如果绩效管理中的考评制度没有严重问题的话，那么评估效果在很大程度上就取决于沟通的质量。绩效沟通在整个人力资源管理中占据着相当重要的地位。实际上，广义上上级每一次和下属的交流交互都属于绩效沟通。这就是为什么一直以来，有关人际关系处理、情商修炼、说话的艺术的书籍和课程广受欢迎的原因，即使是企业的管理者，他们也觉得自己在人际交往和沟通交流方面存在不足。在绩效沟通中，我们发现很多的管理者还是停留在经验和直觉的层面，以江湖义气、朋友情谊这些措辞来开展谈话，虽然不能说不对，但在专业度和职业化方面总是略显不足。

笔者在企业开展内部培训时，在学员请教的问题中发现很多管理者的困惑都来自职场中的沟通环节。下面，笔者把某学员企业中的一个绩效沟通的场景描绘出来，供各位读者观察和思考案例中主人公是如何开展面谈的，以及他是如何沟通失败的。

案例18

失败的绩效沟通

吴华是华夏康某公司华中分公司总经理，他是半年前总部任命过来的，王明是分公司的一名大客户经理。随着公司年中绩效考核紧锣密鼓地开展，吴华也打算分出更多的精力，投入对下属的绩效沟通上来。

8月的某天，距离下班时间还有5分钟。王明正在收拾整理一天的文件，准备下班后去幼儿园接孩子，这时吴总走了进来。

吴：王明，你现在不忙吧？考核结果你也知道了，我想就这件事与你谈一谈。

王：吴总，我下班后还有点事。

吴：没关系，我今天晚上也有个应酬，咱们抓点儿紧。

王（无奈地）：那我就来。

（总经理办公室，办公桌上文件堆积如山。王明心神不宁地在吴总对面坐下）

吴：王明，绩效考核结果你也看到了……

（电话铃响了，吴华拿起了电话，“喂，谁啊？李总呀，几点开始？好，一定”。放下电话，他笑容满面的脸重新变得严肃起来）

吴：王明，最近我们的绩效评估结果基本出来啦，总的来说，你上一年的工作还是不错的，取得的成绩还是要肯定的。所以，成绩作为过去的成功，就不过多说了。今天咱们主要来谈谈不足。有些问题还是要引起充分的重视才行。你是公司的骨干，我对你的要求自然也要高一些。虽然任务指标已经完成了，但是在这个绩效评审的过程中，我们也发现，你在与同事共处、沟通和保持客源方面还有些欠缺，这一点我想也是你需要改进的地方……

王：吴总，你不提还好，我对自己的绩效评定等级确实有些想不通。你刚才说“与同事共处、沟通和保持客源方面还有些欠缺”具体指什么？

吴：王明，你也是老员工了，与同事处理好关系，维持一个和谐的工作环境的重要性我想你应该很清楚。现在有人提出来，你的工作方式方法有时让人难以接受，所以我也是想提醒你一下，看看是不是能够改进，咱们做绩效评估，不就是希望让大家能够不断进步嘛？

王：吴总，我的工作指标都完成了，这在公司应该属于少数吧？这次考核等级为什么是B，而有的人业绩没我高却是B+，我想不明白。

吴总：考核等级的评定有公司的评价标准，你的业绩确实比有的同事高，可是评价等级却不如对方高，你有没有考虑过这是为什么？

王（委屈并气愤地）：吴总，业务部门必须以业务为重点，我不喜欢当面一套背后一套，我认为做事就行，那些人情场面虚伪的一套我做不来。

吴：王明，这不是虚伪，其实你如果能和同事和谐共处，得到大家的认可，这样不是更有利于工作吗？在这一点上，你看陈顺就很善于处理部门内部的关系啊。

（陈顺就是业绩低于王明，但是评价等级为B+的员工）

王：吴总，我和陈顺不一样，他善于与人打交道。我不行，我看到事情没推进肯定要追问，有时候会和人意见不统一，难免会得罪人。如果公司这样给我评级，那以后我也不干事了，不得罪人还能得高分……

上述案例中，吴总对绩效沟通始终存在认知上的误差，他误认为绩效面谈是一件独立的工作，并不是一项日常开展的内容。

他不应该在临近下班时拉着下属谈话。下属有家人，也有很多事情，这样的领导者对下属缺乏体谅之心。另外这也从另一个侧面说明吴华的专业度不够，他办公桌上的文件杂乱和随机与下属沟通的风格，说明他在工作中更多地依赖直觉，这样的习惯很容易导致工作中存在思虑不周之处，形成隐患。

与下属沟通绩效问题事关他人的切身利益，没有经过充分考察就进行面谈和面谈时漫不经心的态度很容易导致下属的反感和抵触，从而导致面谈破裂。而这两个误区，吴华都存在。另外在吴华的谈话中，直接拿员工进行对比，这是一种很不专业的表现，也说明该公司对于员工岗位职责和评估标准不清晰、不具体。没有参照依据的谈话容易掺杂上级的主观论断，并且在员工存在异议时无法进行针对性沟通，更无法提出相对应的改进建议。

综上所述，绩效沟通在绩效管理中发挥着非常重要的作用，然而，在我们现代企业的绩效管理过程中，沟通却成了最薄弱和最容易被人忽视的一个环节。有的企业仅仅在设定绩效目标时同员工做了简单的沟通，但有的企业甚至连基本的沟通都没有，还有些企业虽然重视了绩效沟通，但是效果欠佳。在对待沟通这一重要绩效管理工具时，企业和企业管理人员往往存在不少的问题和误区。

作为培训师和独立于企业之外的专家，笔者很清楚绩效管理对企业领导和人力资源部门来说意味着什么。只要公司整体的评价系统和价值判断标准没有形成，绩效沟通就是个大难题，干部和员工都想要回避这一过程，因为面对面评价他人极有可能发生争吵。

许多企业在进行绩效管理时主要考虑企业的利益，很少考虑员工的利益，更谈不上对员工的成长负责。大多数企业的绩效管理实际上仅仅是企业经营过程中的一种监控，是对部门、员工的监控，而不是完整意义上的绩效管理。有些企业倡导“以人为本”，但实际管理过程中却没有真正地体现“以人为本”，这也会让代表企业的谈话者“言不由衷”。所以，从更广的视角来看，真正提高面谈效率和改善面谈效果的办法，不是去给管理者培训绩效沟通技巧，而是改善企业的评估机制与价值理念。

然而，建立完善管理机制的企业毕竟只有少数，我们不能把这个责任都推到组织身上，即使像华为这样的公司，它的管理机制也是逐步建设完善的。管理者能够掌握并提高进行面谈沟通的能力是必需的，毕竟你要带着队伍出成绩就必须为员工明确他们需努力的方向，同时在团队出现偏差的时候，领导也可以拉动其“回到轨道上来”。

笔者在此通过案例在相对理想的情况下，再现绩效沟通的过程，同时也将绩效评估的标准具体化。

案例18（续）

成功的绩效沟通

（吴总打电话给王明）

吴：王明，这两天我想就绩效考核的结果和你聊一聊，你什么时间方便？

王：吴总，我正在武汉厂区陪客户参观，然后谈合同，周三回去，如果您也可以，周四我去办公室找您，可以吗？

吴：我星期四的时间安排比较满，没有合适的时间，星期五一早有1个小时，你时间可以的话就9点来我办公室，怎么样？

王：没问题。

吴：那好，我给你发了邮件，关于面谈的几个问题我写在里面了。

王：好的，我会认真看。

星期五之前，吴华认真准备了面谈可能用到的资料，他侧面向王明的同事了解了王明的情况，并对面谈中可能会遇到的情况做了全面思考。在这期间，王明也对自己一年的工作情况对照考核结果进行了反思，并草拟了一份工作总结和未来发展计划。

（星期五上午9点，吴华的办公室宽敞明亮，王明进来后，吴华顺手关上了房门，在会议桌角坐下，王明坐在吴总右边）

吴：王明，今天我打算用一个到一个半小时的时间对你在过去半年中的工作情况做一个回顾。在开始之前，我想还是先请你谈一谈你认为我们做绩效考核的目的是什么？

王：我觉得绩效考核可以对优秀的员工进行奖励，特别是可以在年底作为发放奖金的依据。不知道我说得对不对，吴总？

吴：你的理解与我们做绩效考核的真正目的有些偏差，这可能是因为我们给大家解释得不够清楚。事实上，我们实行绩效考核，最终是希望员工知道自己的优势和存在的差距，使员工了解自己在过去的半年中工作上的得与失，以明确下一步改进的方向；也是提供一个沟通的机会，使公司了解员工的实际情况或困难，从而确定可以提供哪些帮助。

王（不好意思地）：吴总，看来我理解得有些狭隘了。

吴（友善地笑笑）：我们现在不又取得一致了吗？你也知道公

司对你们这个岗位的考评维度，我们的讨论也是以这个为核心的。

王：好的。

……

吴：你的业绩超过了年度销售目标，这一点我要恭喜你，在公司只有10%的销售人员完成了年度规划，实际上就是不超过15个人达标。你看到评估结果了，你的团队合作得分是偏低的。

王：我们做销售的出业绩就行了，别的我们也不擅长啊。我就把客户维护好，完成销售任务就行了。

吴：你的成绩已经证明了你有足够的能力。但是你看我们的岗位能力模型，除了专业能力外，还有与人协作的能力和团队精神，而你在这方面还有需要进一步改善的地方。

王：我们每天面对客户都够心累的啦，在公司里面还要小心翼翼吗？再说我觉得自己现在和同事相处得还挺好的，虽然这方面分数低点，但以后我多注意也就是了。

吴：王明，你知道公司对你一直很重视，我希望你能全面进步，在我看来，你理解的团队精神并不准确，关于团队精神和与人协作，我觉得可以注意这样几个关键动作，这也是考评的参考项，你看……

王：吴总，谢谢你，这样我就知道自己哪里做得还不够了，我今后会按照您说的去改进。

吴：你业务能力强是有目共睹的，如果能把这个考评项提上来，那不就是最好的绩效排名了吗？业务高手本来就是全面发展的，你就是啊。

王：你这是夸奖我，吴总，我知道自己的不足之处了，我也知道该怎么改进了，你放心吧。

实际上，绩效面谈绝不仅仅是沟通交流的层面，而是对企业管理机制和管理者个人综合素养的考验，笔者在管理培训中与众多的企业管理者有过深度交流，并对他们提出的问题进行了收集和整理，现在就绩效沟通这个问题点把这些问答集中呈现出来。

一问：在绩效考评面谈与沟通过程中，如何贴近考评指标，切实做到有效且高效的沟通？

答：绩效沟通的目的就是根据员工之前的行为表现对比岗位职责要求，根据两者之间的差距来寻求改进方案，所以必须要有岗位职责的参照标准和员工的具体行为表现。如公司要求你用1年时间做到占有当地市场份额3%，这就需要你谈成3家销售额在100万元以上的A级经销商，2家销售额不低于30万元的B级经销商，再细化到行为层面就是你必须每个季度拜访潜在A级经销商不少于10家，B级经销商不少于4家。而根据你的销售信息管理系统的数据看，你的新客户拜访数是没有达到预定目标的，你能说说原因吗，看看下一季度该如何补救回来……

二问：若想要达到理想的绩效谈话的效果，应该遵循怎样的谈话流程，运用什么样的谈话技巧？

答：关于绩效沟通的流程与技巧，笔者会在本书的下一个章节中详细介绍，读者可以在那里寻找答案。

三问：怎么避免面谈形式化？

答：面谈沟通的核心目的是改进绩效，这就需要业务主管的参与，或者面谈者对岗位职责和业务内容非常熟悉，能够为员工进行专业分析，才能实现这个沟通目标。

四问：关于集团化绩效管控模式，3种不同的集团管控模式应如何选用？应该建立怎样的绩效体系？

答：这个问题比较宽泛，但是前提和基础都是你公司要有自己的绩效评价标准，对不同级别，不同职位要有具体的评价指标，这样才可以开展面谈，否则就很难达到预期效果。所谓的绩效体系，就是绩效管理的指标和评价体系。

五问：绩效面谈工作由谁负责？

答：一般情况下都是业务主管领导负责，如果HR部门的人足够专业也可以。

六问：公司的绩效管理只是一种形式，对各部门的工作积极性、工作效率没有任何作用，这种问题应该如何解决？

答：如果公司的绩效管理没有任何的标准和体系，那你的绩效面谈就没有参考标准，这种情况下，要想让这个面谈有效果，只有一种可能，就是面谈者是业务权威，能够在员工面前提出他的期望和评语，只要相对公允，就会有相应的效果。但是这样的情况很耗费上级的时间，只适用于团队的初创阶段。

七问：什么时候需要进行绩效面谈？绩效面谈属于绩效管理过程中的哪一步？

答：一般情况下，公司会在年中和年终各做一次沟通，也有企业采用不定期的绩效面谈方式，只要能达到帮助员工完善工作的目的就行。绩效面谈处于绩效管理链条的后端，绩效管理的全链条描绘分别是：（针对某一岗位）绩效指标设计—绩效评估标准—绩效评定标准—绩效面谈—绩效改进。

八问：考核中应该更多看重结果还是过程，一味地追求结果会造成什么样的不良后果？

答：从公司层面来说是要看重结果的，对于高管来说要考核的就是结果。但是对于基层员工来说考察的则是过程，回顾笔者在问题1中的回答，基层主管必须把握员工的过程，才能确保部门或者公司层面的结果，这两者是线性相关的。如果过于关注员工的结果，可能会导致员工为了达标而做假，这样反而得不偿失。

九问：绩效面谈由部门负责人来谈会不会有“护短”行为？

答：是否会护短，不是业务主管造成的，而是你的考核机制造成的。比如把绩效分成A、B、C 3个级别，强制规定10%打C，某部门就6个人，假设大家都很努力都不错，主管就无法打C，可能的后果就是大家轮流当C。在我看来，在那些长期相对稳定和人际关系紧密的单位，会有护短的行为；而在危机感比较强的单位，是找不出C来的。绩效管理制度不是高层领导制定的，而应该由各级管理者群策群力共同完善，基层和中层也需要有思想家和战略家，这样制定出来的考评制度才会更加合理。

十问：哪些方式才能保障绩效反馈的顺畅进行？

答：明确绩效面谈的关键标准，并在沟通后把沟通结果上报给管理部门，必要的话，面谈时安排第三方部门的人参与，绩效反馈结果必须经当事人确认，若无法达成一致，可由更高级领导确认。

十一问：绩效面谈后改进效果不明显该怎么办？

答：绩效面谈等于是给员工两个力量：一是改进后，可以得到什么奖励；二是若没有达到要求会受到什么惩罚。如果没有改善，你需要判断造成该结果的原因是员工的工作积极性低还是工作能力不够，据此决定是否给予惩戒。但也不排除有不在乎惩罚和警告依然我行我素的员工，对于此类员工应该考虑清退。没有任何约束权力的主管很难开展工作，但真实情况下，这样的状况是很普遍的，这就需要基层主管的个人素质和能力了。

十二问：设置几个绩效考核指标最好？如何判断设定的指标可以囊括该岗位目标？

答：一般来说，我们对一个岗位进行评估可以考虑3个维度：工作品质、工作效率、持续贡献。根据不同岗位的级别和具体内容来确定3个维度的权重。评定一个岗位的指标可以在这3个维度上开展讨论，建议由岗位专家和绩效专家共同探讨，并交给集体商议，最后定稿。

十三问：员工面对绩效出现情绪化问题时该怎么办？

答：不可否认的是被人评价和参与评价都会让人感到不舒服，但是有情绪又是另一回事了。对于员工可能出现的情绪化问题，笔者有以下建议：首先，你必须配合沟通，如果有情绪和意见，要先分析原因。其次，尝试正确且合理地解决和协调意见，若员工坚决不配合，那就按照公司制度处理，当然在处理的过程中也要注意避免激化矛盾。

十四问：如何提升面谈技巧才不会造成冷场？

答：如果你明确了沟通面谈的目标，提出希望对方改进的具体要求，就不会冷场。确定目标和谈话策略后开始面谈，就符合正规的组织程序，这不是闲聊，所以也就和冷场没什么关系。面谈者只需要从专业的角度进行充分的准备和问题的设计即可。

十五问：如何把握绩效考评的面谈范围？

答：如果绩效目标、考核标准和对方的现状已明确，那就直接谈不足和需改进的地方。理论上说，这里没有人情的成分，所以只要谈标准谈要求即可。

十六问：如何和中层管理者进行绩效面谈？

答：跟什么人谈不是重点，重点是谈话的人是否权威。如果你只是一个年轻的执行人员，那就更需要你专业能力过硬，要充分把握公司考核标准并吃透对方的业务内容。

十七问：绩效沟通面谈与心理学是否有相关性？

答：绩效沟通面谈与心理学有相关性是毋庸置疑的，但是笔者认为你开展这项工作不是去谈判，而是就公司的考核标准与对方协商，帮助对方改进工作，面谈人员秉承这个宗旨，就不会有那么大的心理负担了。当然有机会学习心理学知识最好，对面谈者的工作会有帮助。

十八问：如何在没有绩效基础的公司推行绩效？

答：必须建立各岗位的绩效指标体系，否则的话绩效管理就是无源之水。而建立这个标准需要业务专家和管理专家进行深入交流和充分讨论。

十九问：如何有效地实施目标绩效管理？

答：明确各岗位的绩效指标，并根据业务情况设定绩效目标。

二十问：当HR比面谈的人的级别低，资历也没有对方老，而且对方也不认同你的能力时，应该如何入手？

答：靠专业度说话。如果不知道怎么办，就去请教专家。记住，专业度不完全是自己修炼出来的，而是一个勤奋好学的头脑和不同的高手碰撞出来的。

第二节 ┃ 绩效面谈的方法与流程

绩效评估说到底还是与人相关的工作，与人打交道最关键的手段就是沟通。作为企业的中层管理干部，每一次与下属的沟通都是一次绩效面谈的机会，要尽可能把握每一次契机，加强企业文化的宣传，并把沟通工作做到位。

一、达成共识

对员工的工作绩效进行评估，得到好的评估结果，自然是皆大欢喜。对于员工的不足，期望其采取行动予以改善，就需要达成共识。

然而，要想改变一个人的想法是极难的事情。希望员工采取行动，必先改变其内心的观念，这也就是平时人们最常提及的“让人心服口服”。

与员工沟通的目的不是告诉员工他工作中有问题存在，而是让他们同意问题的存在。员工心中对于自己的不足之处一定是清楚的，那么为什么还迟迟不采取行动进行改善？说到底是因为他们并不重视已经出现的问题。

那么让员工意识到问题的存在就变得至关重要了。说服员工可以从以下两个方面进行：一是让员工了解他错误或不当的行为对组织的影响；二是让员工了解如果他不改变行为会给自己带来什么样的影响。

我们可以用一个案例来分析解决问题的过程。

案例19

迟到的老吴

老吴是公司的老员工，一直以来工作勤勤恳恳，但是最近因为经常上网和写微博，加上交通拥堵导致近期频频迟到（5天内有3次迟到20分钟以上的记录，而其他员工则平均1个月迟到1次）。李经理（老吴的主管领导）觉得有必要进行一次沟通面谈。

要想说服员工改变其观念，下面的谈话都是不可缺少的内容：

- 老吴的电话响起但没人接听，因此打电话的人没有得到服务。
- 打电话却没有得到回应的人会向其他人（通常是职位更高的人）抱怨。
- 有时候其他员工会中断自己的工作来接听老吴的电话。
- 老吴没有准时上班而耽误其他人的工作。
- 其他员工抱怨待遇不公（为什么不是每个人都准时上班）。
- 老板怀疑经理没有能力让员工（老吴）准时上班。
- 无法准时上班可能让老吴没有加薪的机会。
- 迟到给人不可靠的印象，因此老吴可能失去升迁的机会。
- 老吴可能会被调到更低或更不重要的职位。
- 经理可能会开除老吴，让另一个能准时上班的人取代他的工作。

笔者在培训课程中经常会设计场景，让学员参与演练，演练过程中发现，当下属出现违反纪律的行为时，大部分管理者倾向于从关心员工生活的角度询问对方是不是有什么困难，并且希望自己能够给员工提供一定的帮助。但有趣的是，员工往往不愿意提及自己生活中的苦难（即使真的有），他们更期望领导能就事论事，而不是采用这种“顾左右而言他”的沟通方式。

笔者在这里要提醒读者的是，让员工同意有问题存在，就是告诉员工这个行为或者这个事件带来的真实影响，让他认识到这个错误并非他认为的“无所谓的小事”。只要想清楚谈话目的，明确谈话重点，清楚谈话策略，谈话成功的概率就会加大。

二、共同协商解决方案

和员工共同探讨解决方法，如果员工没有，就让员工说出你的想法。

员工有不足之处，作为其主管领导要为其指明并提出改进建议。一味地批评没有任何意义，但这恰是很多管理者未能注意的。作为主管领导，对待下属的错误或不足大加批评，认为对方似乎已经不可救药，殊不知这样做的唯一后果就是磨灭下属的自信心并导致其产生逆反情绪。

其实要想让一个人乐于接受你的观点并采取答复性行动最好的方法就是对其观点表示赞同，并与之共同探讨行动方案。

一个人对自己原创的想法被付诸实施都是比较积极的，所以我们最好能采用此方式明确工作思路。如果可能的话，最好让员工自己说出提交工作结果的时间。

我们可以用工作中的一个场景把该思路实践一下，具体如下。

情景模拟：

经理：小宋，有一个工作任务，5分钟后到我办公室来，咱们商量一下。

小宋：好的，领导。一会儿见。

（5分钟后）

小宋：领导，有什么任务？

经理：小宋，今年公司总部对我们分公司的业绩给出了很高的评价，所以咱们的孙总打算进一步对市场进行深度开发，并计划再向总公司申请支持政策。他已经跟总部沟通过了，下周四公司总部的业务拓展部总经理david.chen要到我们分公司实地考察，我们行政部负责对他全程接待。我打算让你来负责接机环节，具体说就是从公司出发到机场，把他从机场接回到我们预订的酒店……

小宋：不就是接机嘛！领导，您放心，保证完成任务。

经理：你别急，我还没说完，我希望david.chen这次考察之旅可以全程感受到我们对他的热情和欢迎，感受到我们分公司的精神面貌并能够全程保持愉快的心情！

小宋：好的，我会尽力做好的。

经理：你知道我不喜欢笼统的答复，我想你最好把你的计划行动说一下……

小宋：领导，我还没想呢……

经理：现在想，我也可以帮你梳理一下。我们把这件事情分成3个阶段：第一，出发前的准备；第二，接机；第三，到达酒店。

小宋：嗯，好吧。先说准备阶段，有人和我一起去吗？

经理：你自己去，别人我都安排了工作。

小宋：哦。那我可以开公司的商务车去接机，去之前要把车先清洗一遍。

经理：同意，还有吗？

小宋：接机嘛，我再准备一束鲜花吧。

经理：必需的。千万别买黄花，你到花店别忘了仔细咨询一下。

小宋：放心吧，我会的。

经理：继续。

小宋：我会把路线再认真看一遍，避免遇到堵车的情况。

经理：这个很好，还有吗？

小宋：别的……差不多了吧？

经理：你去接机就穿你这套衣服吗？

小宋：哦，明白，我会换上正装、皮鞋的。

经理：好。车里还要准备什么吗？

小宋：矿泉水。

经理：还有什么？

小宋：david. chen是哪里人？喜欢听什么音乐？我在路上可以播放合适的歌曲，感觉会好些。

经理：我知道他是美籍华人，祖籍是浙江，这个事情我回头跟他秘书确认行程的时候可以问一下，你别忘了追问我。其他的呢？你继续说。

小宋：别的还没想到……

经理：你打算路上一直听音乐吗？

小宋：我职位太低了，跟高级领导说什么啊？

经理：我有让你跟他谈工作吗？

小宋：不谈工作？那谈什么啊？谈天气？谈景色？

经理：可以啊，有什么景色？

小宋：我知道了，我们公司到机场的路上有几个景点，我准备一下，可以给他做一个介绍，显得我比较有学问，哈哈。

经理：记住，千万别炫耀，你要谦虚谨慎，让他觉得我们很专业。

小宋：知道，领导，我就是随便说的。

经理：第二阶段，接机。你怎么考虑的？

小宋：我做一个指示牌，他一出来就能看到。您也可以把他手机号码给我，我事先给他发短信。

经理：不错，有进步。短信要说明你的位置，并说明你手拿接机牌。我们再看一下第三阶段，接机回到酒店，你还要做什么？

小宋：酒店房间订好了吗？

经理：订好了。

小宋：我可以协调酒店派服务员在门口迎接一下，走贵宾红地毯。

经理：这个靠谱，你去谈一下。还有吗？

小宋：可以在他酒店房间里放上一个果篮，里面放些我们这里的特产水果。

经理：这个主意很好，可以在果篮上放上一个欢迎卡片，让公司的几位高管签名表示欢迎。

小宋：嗯，还是领导想得周到，放上卡片就更好了。

经理：好，我看也差不多了。小宋，刚才我们谈的几点你也都明白了，你看能否把我们的谈话落实成一个行动计划？然后用电子邮件发给我，我回复后，你就开始行动。

小宋：领导，没问题，我写完发给您。

三、落实工作计划

让员工自己说出解决问题的具体举措和提交结果的时间，这样既预留了工作的回旋余地又调动了下属的工作积极性。

情景模拟（续）：

经理：那么，这个邮件什么时间能发给我？

小宋：今天下午我还有点事要处理，明天中午前我能发给您。

经理：你确定明天不会延误我们的约定？中午前把你的工作计划和相关准备细节用邮件发给我？

小宋：经理，您放心，我一定发给您。今天我把手上的事情尽快弄完，然后着手写这个计划。

经理：那好，明天12:00前我等你邮件。谢谢你。

案例中小宋自己承诺了明天中午给主管领导回复工作结果，我们可以很明显地推想到，小宋必然会思考相关的细节问题、准备沿线旅游景点的背景资料并尽快熟悉，当天晚上加班是不可避免的了。最关键的，这些工作是小宋在“实现自己的想法”后的自发行动，这就弱化了员工在完成“领导指派的任务”时的抵触情绪。

四、监督执行

若员工能按照既定计划开展行动，主管领导要对这种契约精神进行鼓励，在员工按时、按质、按量提交工作成果后，要及时对员工的工作进行肯定。案例中的小宋如果在第二天的中午按时提交了工作计划，并且重点突出、详略得当，那么这个时候就是管理者肯定下属按照原计划行动的好时机。

情景模拟（续）：

经理：（面向大家）小宋能够按照约定准时提交工作计划，并且完成状况良好，现在提出口头表扬，希望各位员工继续保持这种言必信、行必果的工作精神，也希望各位学习小宋的这种行为！

员工在受到肯定时一定会产生工作热情并继续发扬这种行为，在员工得到奖励的同时，主管领导其实是在明确自己的团队理念和价值观。总结起来一句话就是："你表彰什么就是你倡导什么，你批评什么就是你抵制什么。"

某企业总经理在听完下属经理汇报的方案后，感觉非常满意，他想找到一样东西作为奖品奖励给这位下属，但是翻遍了办公桌上的抽屉也没有找到，无奈之下他拿起桌子上的一支笔，对这个优秀的下属说："你的报告非常出色，我非常满意，我本想找一个更合适的礼物表达我的谢意，但是非常抱歉我现在只有这支笔，我就把它当作奖品奖励给你吧。"事后的结果想必大家都能猜到，这个下属一直珍藏着这支笔舍不得用，因为在他心里这支笔意义非凡。

第三节 ┃ 绩效评估需要随机应变

一、辩证看待，科学管理

案例20

村子里有个会做鞋的老太太，她做的鞋子既结实又美观，许多人找她来买，于是她索性别的活儿全不干了，开始一门心思做鞋子。从经济学的角度看，老太太放弃了其他活儿专注于做鞋子是明智的、理性的，这是将她的价值最大化的表现。她专注于做鞋，就可以越做越快，越做越好，效率也就提高了。

后来，老太太的鞋子供不应求，大家争先恐后地前来购买，老太太实在忙不过来，就想了个办法，她动员所有的家庭成员都放下手头的工作，大家一起来做鞋子。因为看到了做鞋收益很高，所以家族里有10个人参加了鞋子生产。可是他们做的速度根本不及老太太，水平也就更甭提了，鞋子根本卖不出去。于是老太太努力教他们，可他们一时半会儿学不会，大家慢慢没了兴致，纷纷要求退出。

老太太是个聪明人，她知道鞋子的市场需求很大，只要能把技术问题解决，准能发财。有一天，她终于琢磨出个办法，她将做鞋子的过程分为10道工序，她让每个人只完成其中一道工序，比如说，头一道工序就是剪裁布料，第二道工序是纳鞋底……最后是把鞋子拼装起来，一下子，这活儿就变得好干多了，分工后的10个人竟然一天做出了20双鞋子。

这可把老太太乐坏了，本来老太太一个人做鞋子，每天只能做1双，可是10个人合作后，工作效率竟提高了20倍！于是她的野心开始膨胀，她决定开办一家工厂专门做鞋子，还招了100个员工一起生产。

但是后来这位老太太却破产了，为什么呢？开始，她成功于分工，也就是把做鞋子分为了10个工种和10道工序，她耐心细致地教会每个人在各自负责的工序上所需要的技能，效率因为细致的分工而得到大幅度的提高。可是当规模继续扩大后，一个比分工更复杂的问题摆在了老太太面前，她发现，员工们都只管自己，独自干活，协调合作的问题变得越来越困难。

当她一个人在家里做鞋子的时候，因为没有分工，做鞋子只是她一个人的事，所以根本不需要协调；可是，把做鞋子的工作分成10道工序后，她需要协调这10个人的工作，一开始由于这10个人都是老太太的亲人，而且老太太又是做鞋领域的权威，所以他们都很听她的话。当规模继续扩大后，她不得不招来更多为谋生而来应聘的陌生人，她发现，靠感情关系来协调各个工序变得十分困难，靠她个人的力量已经做不到了。于是，她开始从员工中提拔管理者，让他们与她一起来监督。可是她发现，有营私舞弊的和与她对着干的。结果，企业的产量并没有因为员工的增加而成正比地增加，反而还下降了。

这个案例反映的是相当一部分国内企业的发展历程。一开始的家庭作坊和小企业运行得都挺不错，因为规模小，大家感情上沟通很方便，协调起来也并不困难。可是随着规模扩大，员工越来越多，靠感情沟通来协调工作渐渐变得困难，唯一的解决办法就是提拔能干的人来协助监督。后来规模更大了，监督也变得很困难，于是产品质量和服务品质下降，客户流失，员工满意度也降低了。那么怎么做才能拯救企业呢？那就采用标准化的方式，也就是宣布做鞋子的结果标准、过程标准和技能标准，而后按照标准来进行协调。工厂制定每双鞋子的工艺和品质标准，宣布流水线上各工作岗位的职责，宣布每一道工序的操作规范，宣布每一个工种所应该达到的技能标准，并在上岗前进行系统的、严格的培训。这些就是科学管理的形成机制了。科学管理思想的核心就是通过制定标准来开展管理，而这些标准应该是专业人士经过大量的实验验证过的，无论结果标准还是过程标准、技能标准，全都应该被量化，以便于管理人员监测，操作人员纠正和持续改进。

为了确保各个管理岗位严格按标准开展工作，科学管理理论上不需要管理人员用感情来管理，也不需要他们的个人权威，无论是行政权威还是业务权威都不需要。在一家实施科学管理的企业中，真正的权威就是标准，管理人员只是标准的看护人，或者是一个又一个会说话的标准，而员工只是标准的操作者和实施者。

科学管理一方面使企业富有理性和效率，另一方面却忽略了人的主体性，使员工成为标准的奴隶。随着组织规模的扩大，为了不使效率下降，不可避免地引入标准化，以事实和数据说话，行使管理职能的干部就成为标准的看护人。科学管理要求管理者非人性化和专业化，否则就不会有效率。但是人有精神情感的需求是不可忽略的，于是我们必须要具备这样的思想意识——科学管理倡导的精细化、标准化管理肯定有利于提高工作效率，但是如果人的精神状态和思想情绪不好，那么也是无法达到高效率的目的的，因为科学管理的本质还是在用“奖惩”作为驱动力，而当人不再畏惧惩罚，不再期待奖励，管理就失效了。从人的角度出发，关注员工的心理需求并想办法给予满足，才是科学管理达到最佳境界的关键。

二、兼顾“法治”与“人治”

正因科学管理存在不足，后来才兴起了人际关系理论。该理论指出，当员工的需求得到满足时工作效率就会提高。这个理论也是科学的，因为这个理论也经过了实践的验证。可是，在现实的管理过程中，那个办鞋子工厂的老太太在企业中推行的人际关系理论指导下的管理模式，却也未必能够提高工作效率。

综上所述，我们发现，管理是一个复杂的社会现象，简单地运用某种理论来解释，似乎很困难，因此另外一个理论应运而生，那就是权变理论。这个理论告诉我们，在日渐复杂而不确定的环境下，执着于某一理论是行不通的，管理者应该随机应变。

在企业管理中，准确来讲，是在企业领导人的心中，会存在有一个优先级比较高的管理理念，在培训课程中笔者将其称为领导人的管理哲学。一个组织领导人的管理哲学会极大地影响该组织的运行，事实上，这个管理哲学可以分为两类：一是以事为中心的管理；二是以人为中心的管理。

当一个组织面临严峻的生存危机，或者发展到鼎盛时期时，以事为中心相对而言更合适。如今天的华为、联想、万科、海尔等大企业（这里指已经具有一定规模和实力的商业组织）中，因为行政层级、业务架构，必然会有规模庞大、协调困难等“大企业病”的出现，此时必须要采取“科学管理”的方式，严格执行管理规定，不能因为个人感情而影响制度的贯彻，必须把人们的行为有效地限定在一个框架内。要想做到这一点就必须让这个制度有威慑力，任何人都不可以挑战制度。组织在迅猛发展的阶段必须要有明确的制度规范，否则，随着新状况的出现，很多人会为私利而损公器，造成人心涣散，影响大局。此时以“管事”为主，是为了能够跳出危境并且防患于未然。

另一个，则是以人为中心。以事为中心的管理理论遵循科学管理思想，以人为中心的管理理论则更应该强调对员工需求的满足。管理者要根据组织发展现状和外部环境作出明智的判断。当一个组织处于相对平稳的状态时，以人为中心是比较适宜的。那些度过了生存期和处于成长阶段的企业应该更加关注人的要素，让员工能够在一个相对稳定和舒适的环境里自由地发挥自己的专长，此时组织的效率与员工的满意度关系紧密。谷歌、微软等公司对员工的人性化管理常常被人称道，这类组织往往也在标榜自己致力于激发每个员工内心的创造力。不难推断，此时组织的发展状态是相对稳定的。这些组织也不会主动告诉外界，在他们人性化的管理过程中，还有一部分人并未投入全力去贡献和创造，而是一味地在“享受”政策带来的福利。

对于管理者来讲，无论是科学管理还是人本管理都不应该过度运用，因为任何一种工具的运用都是“双刃剑”，在我们用它进行管理的同时也要接受它的负面作用。

案例21

马云谈KPI[①]

和大家一样，我讨厌KPI（Key Performance Indicator，关键绩效

① 陈伟：《这才是马云》，浙江人民出版社2011年版。

指标）！它让我们失去了理想，失去了目标，让我们用各种不该用的方法疲于奔命！它也让我们失去了工作的乐趣，失去了创新和激情！我们讨厌它，但不能没有它！理性思考后，我觉得不是KPI有问题，而是我们设计、执行的人有问题。

什么是KPI？我认为KPI是一些工作目标实现的衡量指标。如果没有KPI，我们就没有考核工作成绩的具体指标。但光有KPI成绩，决不意味着我们工作完成得很好！我觉得KPI就是人去医院看病，医生给你测体温、量血压和化验血指标，只能证明你基本没有病，但绝对无法证明你是健康的！

马云说：一个组织，最可怕的是管理层埋怨制度（他忘了自己也是制度的建设者和参与者），员工埋怨管理者（他们忘了自己有一天也会当管理者）。一个优秀的组织：制度不完善靠员工！员工不完善靠制度！有时候我听见别人说某某公司有完善的制度、强大的文化，我就觉得非常可笑。阿里巴巴永远不可能有完善的制度，也永远不可能有完美无缺的员工，但我们会永远走在通往完善的公司制度的路上！

今年，各个公司的总裁有了两个指标：一是集团制定的KPI；二是我自己觉得满意与否，也可以说是人治。也就是说，即使大家KPI完成得很好，但我觉得不满意，那还是不行！

The Leadership Challenge of Lion's Share

第五章　目标与计划的制订

成功率高的人往往会锁定一个大目标，然后以陆续出现的小目标来调整计划。他所有的行动是由目标来决定的。他目的清楚，但行动变化多端。

第五章　目标与计划的制订

一、管理者既要“务实”又要“务虚”		
1. 具体的目标是行动的基础	人们的工作需要明确的目标	吸引注意力，提醒人们关注行动的核心
		提供长久动力
		使人更坚定从容面对挫折和失败
		计划的核心，确保每一个动作在靠拢目标
2. 目标就是问题的核心	避免议而不决	归纳工作目标是务虚，讨论实施举措是务实
	兼顾务虚与务实是一种自我实现也是自我升华	得出“促进问题解决”的成果
3. 目标管理的前提是深刻理解业务	基层主管必须熟悉业务	这就是很多公司避免“空降兵”的原因
	基层主管的岗位素质与能力要求	有突出的成绩，这是有能力的证明
		能够分解任务和指标，合理分配给下属
		能培养他人
二、真正的目标往往被忽略		
1. “发现问题但不解决”的秘密	认为问题不够严重或者过得去的心理	人们习惯于通过问题模式化来换取心安理得
2. 领导者恰恰可能是解决问题的障碍	找到对的方法	自行动可能会徒劳无功
	帮助下属意识到问题并给予指点	过多的指点可能让下属不自信或逆反
3. 设定实现目标的计划	了解整体目标	确定方向
	分析外部环境	确保目标与当前环境一致
	分析内部资源和能力	不在资源和能力方面追求完美

4. 让HRBP真正为一线业务提供支持	HRBP角色的设计	定位：人力资源业务合作伙伴
	HRBP六大角色	战略伙伴
		解决方案集成者
		HR流程运作者
		关系管理者
		变革推动者
		核心价值观传承的驱动者
	HRBP培养思路	华为的HRBP培养计划

第一节 ┃ 管理者既要“务实”又要“务虚”

一、具体的目标是行动的基础

企业的中层经理作为工作任务的分解者与行动计划的制订人，必须要有明确的目标。这个目标必然是把组织利益放在第一位，充分领悟高层的期望后界定出来的。

大多数的中层管理者真正需要关注的是工作效率的提高，而目标的设定对提高工作效率至关重要。

中层管理者有必要明确目标的重要性，这能够提醒我们在恰当的时机提及工作目标，改善我们的领导艺术。

管理方法中的目标管理意义非凡，工作目标所起到的作用主要体现在以下几个方面。

- 能够吸引我们的注意力，提醒我们关注核心问题；
- 能够让人们更加努力，并提供长久的动力；
- 使人们更加坚定，从容面对挫折和失败；
- 是工作计划的核心，确保每一个行动都是在向目标靠拢。

案例22

明确的目标

20世纪60年代，金刚砂空中货物公司敢为天下先，最先使用坚固耐用，规格统一，可重复使用的集装箱运输货物，开创了集装箱货运的先河。副总裁爱德华·费尼发现只有45%的集装箱是满的，其余往往没装满就被运走了。为保证装货质量，组织工人接受关于装满集装箱的专业培训，还组织人检查是否装满，但是收效甚微。

后来某专家提出在每个集装箱内部画一条线，并告知：填满至此处。开始费尼没有在意，后来发现填满集装箱的比例竟然由45%上升到95%。一个如此简单的举措却起到了重大作用。

之所以会出现这么好的效果，就是因为人们的工作需要有具体明确的目标。这一条线给了装卸工人明确的工作标准，让他们有了可以明确参照的行动规范。这样也就规范了工人们的行动——装到那条线的高度。也正因此才实现了企业提高集装箱利用率的目标。

二、目标就是问题的核心

我们需要认真分析企业中的具体情况，也许若干表面现象背后的原因是相同的，也许采取若干行动的目标也都是在解决同一个问题，只是我们没有“跳出来”看。

案例23

某商业银行支行行长为了实现业绩的持续增长，向管理要效益，对某时段进行了长期跟踪调研，统计出了以下数据（数据经过加工，不保证真实）：

每天上午9:00—10:30，取号机放号35个（自动统计），而该时段内共有20位顾客在柜台办理了业务。在接下来的2个小时内，又有9个早时段内的号码签进入柜台，而其余的6个直到在当天下班后也没有进入柜台（以上皆为平均统计数据）。

支行行长通知支行管理人员及骨干员工开会，并公布了统计结果，然后请大家谈谈自己的看法和认识。

某领导：就目前的数据来看，我们的工作效率偏低。

某员工：我们的业务种类繁多，一线柜员每天都是脚打后脑勺，连上厕所都没时间，效率低的说法我们无法接受。

某员工：应该多增加窗口，增加人手。

某领导：不现实，那样成本太高了，无法实施。

某领导：问题的关键是如果客户等待的时间长就会离开，想办法留住客户才是关键。

某领导：可以改善一下等待环境，最好能提供饮料、小吃、图书等，降低客户等待时的焦虑感。

某员工：提高工作绩效……

行长：同志们，今天的讨论就是要大家畅所欲言，既然大家已经讲了自己的想法，那我也谈谈我的看法，其实从我们银行的角度来看，最关键的地方在于如何保障业绩，对于这个问题我认为应该找到一个点，即解决问题的根本点。

某领导：还是服务的问题。

某员工：主要还是制度、流程的问题。

行长：这些还是比较大，我们再谈具体点。其实我们最不希望的就是我们该收的存款没收进来，该放的贷款没放出去，这些都是客户给我们带来的业务，他们的良好体验能降低我们银行的损失、避免资产流失，所以我觉得关键点就是要避免客户的流失，这就是我们改善工作的目标。大家同意吗？

众员工：同意！

上述案例中的支行行长作为中层管理者，针对本部门（本行）

的绩效改进方案为全体人员设定工作的目标。理想情况下最好让每个人都能够参与讨论，领导者引导员工发表自己的见解并在最后进行归纳总结。

中层管理者是企业中既要务虚也要务实的特殊人群。如果务虚过度就会“夸夸其谈”，务实过度又会“一叶障目，不见森林”（如图5-1所示）。

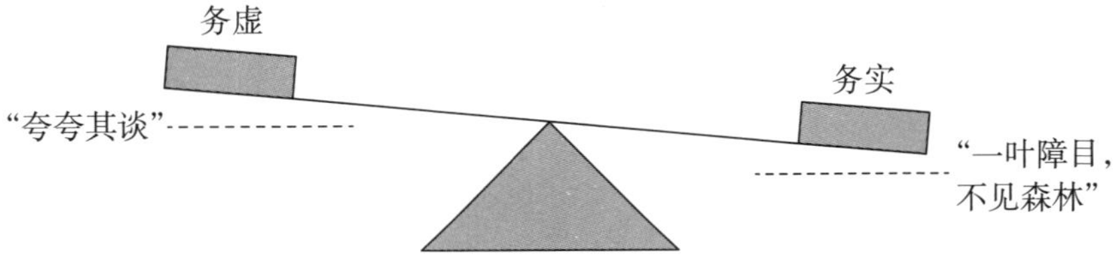

图5-1　务虚与务实

- 上案例中支行的业绩改善，需要采取有效的行动。进行跟踪调研就是务实，因为这样讲出来的话才有公信力；
- 开讨论会就是务虚，必须要让大部分员工参与到问题的讨论中，说出自己的想法；
- 行长引导讨论的方向是务实，“议而不决”是管理会议的通病，要保证讨论出成果才行；
- 归纳工作目标是务虚，把讨论范围集中到一个点上，这样更能统一大家的认识，为解决问题提供有针对性的方案。

虚实相间的管理方式更能够体现领导魅力。从下属的角度来看，这种魅力既是一种自我实现，也是一种自我升华。能够把握这一点的领导者在特定的情势、特定的任务背景、特定的人群中，就会以恰当的行为和足够的能力与素养诠释并代表组织意志，还能够率领组织达成他们共同的意愿。

三、目标管理的前提是深刻理解业务

如果把企业比喻成一支部队，那么基层的业务主管就是一线部队的主管。无论是生产还是销售，这些主管都处在最前线，他们就是“能听得见炮声”的作战部队。

因为现场环境千差万别，高层领导很难准确判断，这就需要给一线放权，允许他们在一定范围内可以自主行动。那么该放权到何种程度，在哪些业务点上、在什么样的条件下，基层可以享有一定的自主权呢？这就需要高层必须熟悉部门业务，否则放权就只是一句空喊的口号。

海底捞的故事告诉我们，业务主管必须非常了解一线的情况，这是毋庸置疑的。只有真正熟悉和理解业务状况，才知道如何分解业务目标，如何合理分派任务，只有这样才能让员工乐于接受并去努力达成自己的业务目标。从一线岗位成长起来的业务主管，多是从业务骨干被提拔起来的，有的人不光自己会干，也能带领和指挥别人干，这样的人就适合做管理者，而有的人则是“茶壶煮饺子，倒不出来”，按照华为的说法，倒不出来的“饺子”，就不是“饺子”，实际上这给很多的企业一个管理启示——仅仅是业绩好，或者仅仅是具有很高的管理素养的员工，未必适合做管理者。考评一个人是否适合担任管理职务，就是看他能否作出业绩和战略贡献。前者指的是短期贡献，后者指的是长期贡献。

所有的管理者都需要清楚，提拔一个员工到管理岗位并不是对他业绩好的奖赏。一个优秀的管理者必须要能够带动一群人共同进步，这个人既要有引领能力，又要能够提升成员的才能。用直白的语言表述就是：这个人要能赢得大家的信赖并指导员工改进工作。

按照这个思路，我们可以抽炼出业务主管的岗位素质与能力要求：

- 要有突出的业绩，这是证明你有能力的标准；
- 要能够分解任务和设置绩效指标，把任务合理地分解给他人；
- 要能够带领和培养人。

这里的第一条是有清晰的衡量标准的，比较容易识别。第三条则是一个过程，比如可以通过被辅导人的反馈来判断辅导者培养他人的意愿和能力。最难的是第二条，这一条也是业务主管树立管理权威，建设团队氛围的关键能力，其实也是判断一个人是否适合做管理的最核心品质。下面我们通过案例进一步理解一个好的管理者的本质就是带领团队做对的事情。

案例24

带领团队取得胜利

韩中和周志远是同一所学校毕业的同学，他们同一批进入教某机器人公司，也是同一年被提拔为生产主管的，因为有共同的工作经历，又是校友，所以两个人经常在一起聊聊工作谈谈心，在其他人看来，他们就是工作中、生活中的好朋友，但其实两个人最清楚，他们在工作上一直都在彼此较劲，希望胜过对方一筹。

5月初，工会组织各车间进行文娱比赛，除了常规的羽毛球和篮球比赛，今年比往年增加了一个项目：钓鱼。这是因为公司在园区新开辟了一个人工湖，里面有很多放养的鱼，公司也希望员工能够在比赛之余充分享受这个美丽的景致。为了调动参赛积极性，公司加大了新项目比分的权重，获胜团体除奖金之外还能获得一次集体旅游的机会。韩中和周志远分别是两个车间的带队者，他们两人也说好，谁输了谁就请客。

比赛在5月的第二个周末举行，韩中的团队荣获了个人和团体总分第一名，拔得头筹。表彰大会则是在5月的第三个周末举行，当韩中走上领奖台，公司的副总经理李征坤为他颁发获奖证书时，副总经理主动要求发言：各位，今天这个发言是我主动要求的，大家都知道，我们开展这个文娱比赛，一方面是让大家在工作之余能够放松，感受公司的团队文化，培养乐观的生活态度；另一方面更希望我们能在这样的比赛中赛出风格、赛出水平，在上周钓鱼比赛结束后，我曾在路上遇到韩中，我开玩笑说，咱们的车间工人们很少有会钓鱼的，你们班组能拿到两个第一，真不错啊，你们是不是运气好啊。你们猜韩中怎么说？他说，他们不是靠运气，而是靠计划和任务管理。我当时很奇怪，韩中就给我讲了一下，我觉得很有意思，我也认为这正是韩中的班组能够一直表现突出的重要原因，下面我们欢迎韩中来分享一下他们的获胜经验。（台下掌声雷动）

韩中：感谢大家，我们能取得这么好的成绩，一方面是靠运气，还有一方面我们也确实在比赛前经过了认真分析，既然李总要求我分享经验，我就把我们这个分析给大家汇报一下。

比赛的评价标准是在尾数相同的情况下，重量优先，这就是要求我们钓的鱼要多，要大。这就是任务的评价标准，于是我们就分析，必须在尾数和重量上领先才行。先看尾数，我们调查了管理员王大爷，他说水里有草鱼、鲤鱼和鲫鱼，其中草鱼最多。这和我们的判断是一致的，咱们食堂做的菜，大多数时候用的也是草鱼。（会场一片笑声）

于是我们定下来第一步动作，就是选择草鱼的饵料，我看到有的参赛队伍带了好几种饵料，但是我们的目标更加清晰。接下来，草鱼有数量多和少的区分，根据王大爷的说法，1斤半到2斤的草鱼最多，这个他很有把握，所以我们把目标定在这个鱼群，这么大的鱼基本对应的是5—6号的鱼钩，因为鱼钩是决定鱼的大小的因素。大家看这样我们就把尾数和重量都考虑了。

刚才李总说了一个很实际的状况：我们都不会钓鱼，所以水平很统一。我们参加比赛，大家在单位时间内钓到的尾数是相同的，当然也不排除有意外状况发生，但是我们想，按照这个思路，我们团队必须要钓大一点的鱼才行。于是我们就确定用6号钩或者7号钩。关于尾数和重量我们都考虑充分了，剩下的就是需要我们保持心平气和的态度，正常发挥就行了。我想这就是我们团队能够胜利的原因。因为我们把尽人事听天命里的尽人事做完了，剩下的就是看运气。（会场再一次响起热烈的掌声）

第二节 ┃ 真正的目标往往被忽略

一、“发现问题但不解决”的秘密

很多问题，人们知道它在哪里，但为什么没去解决？因为觉得还不到时候。

作为中层管理者，需要把问题明确化。中层指导基层，不应该一味地命令和生硬地指导，那么应该采取什么样的指导方式呢？

基层是第一线，肯定熟悉问题的形成，但是作为“局中人”往往对问题看得不够清楚，这时就需要中层领导为其“指点迷津”，帮助执行者找到着力点，并调动其积极性。

案例23（续）

行长：作为银行从业人员，客户流失肯定是我们不希望看到的结果，早时段以我们的统计来看有6个客户流失，大家怎么看？

某领导：当然不好。

某员工：不好。

某员工：没什么吧，也不是太多。

行长：大家都有自己的看法，这也正常，我们一起来看看这个问题是不是严重，有多严重。按照我们的统计数据，平均看来该时段1.5小时共存款16万元，取款7万元。我们姑且按照这个数据来计算：

办理20笔业务平均进款：9万元 ÷ 20笔 = 0.45万元／笔（人）

1.5小时流失6个客户可计算：0.45万元／笔（人）×6（人）= 2.7万元

按此计算方法每天8个工作小时：2.7万元 ÷ 1.5小时 ×8小时＝14.4万元

按每年365天计算：14.4万元／天 ×365天＝5256万元

我知道这样的算法未必科学，但是多少也能说明一点问题。通过这个计算各位认为流失6个人还是一件无关紧要的事情吗？

某员工：真是不算不知道，一算吓一跳啊。

某领导：这个问题还是比较严重的。

行长：既然问题严重，是不是应该采取些行动来改善现状？

众员工（异口同声地）：应该啊！

有些人之所以迟迟不采取行动，就是因为觉得问题不够严重。所以有时候需要有人把这个真实的情况揭露出来，引发大家的关注并找到解决办法。

人们遇到问题的时候首先会进行自我判断，但是这个判断也可能是他迈向成功的最大障碍。有人习惯把事情的原因归结到制度或战略层面，看似一针见血，实质却把问题模式化了。这么做的底层想法是：战略变革、工作思路、流程的改变是整个体系的全面改变，需要组织高层协调，所以不容易。既然很多事情自己无法改变，索性就不去理它，这样就换来了心安理得。

二、领导者恰恰可能是解决问题的障碍

有的管理者说他们干得很累，究其根本无非是他们做了不可能成功的事，或者用了不可能成功的方法，或者期望以不可能的节奏去实现目标而省略了必要的步骤。

案例25

理解鱼儿的需求

小白兔去钓鱼。第一天它耐心地等呀，等呀，鱼儿没有上钩。第二天它还是孜孜不倦地等呀，等呀，鱼儿没有上钩。第三天它仍然锲而不舍地努力等呀，等呀，还是没有鱼儿上钩。第四天，继续等待。第五天，继续等待。第六天，小白兔再次来到湖边，刚放下鱼饵没多久，湖里就跳出了一条肥大的鲤鱼。这时只听这条鲤鱼愤怒地冲着小白兔说："如果你再敢用胡萝卜钓鱼，小心我揍你！！"

帮助下属意识到问题并激发其积极性是关键。案例23（续）中的行长通过一系列的计算为全体员工把客户流失造成的影响量化出来，也引起了员工们的注意。这才是管理者做的最有价值的事情。

有些管理者发现下属的表现没能达到他的标准时，往往会给下属以过多的指点。下属本来充满信心，但是经过了领导这番指点后完全泄了气，领导只顾着炫耀自己的"厉害"，结果不但没能树立威信，反而让人生厌，这其实是"过犹不及"的表现。高明的管理者只要帮助下属真正意识到问题的严重性，产生解决问题的想法就是自然而然的了。

案例26

失败的工作指导

小赵终于把人生的第一份市场报告写完了，并提交给了上司李经理，虽然自己已经做了精心的准备和反复修改，可是仍然忐忑不安。不出所料，他接到了李经理的电话，让他去办公室，要给他指导一下市场报告该怎么写。

一进门，李经理就拿出了小赵的报告，指出了一些不足。然后小赵很虚心地说因为自己经验不足，还请领导多指点一下。李经理也爽快："小赵，你来咱们公司有3个月了，从你这个报告里我也能看出来你用了不少的心思，但是你知道我对工作的要求还是比较高的。我像你这个年纪的时候，哪有你们这么好的条件。都是自己摸索着干工作，想找个人请教都不知道该去问谁。没有谁是生来就会的，但是你需要有自己学习的能力，我当初什么都是自己去找，到图书馆去查，你们现在有网络了，你也应该到网上去搜索一下啊，咱们公司不是也有过去的文档留存吗？你也可以用来参考啊。"

小赵："领导，我问过了，可是他们说那些都是客户要求保密的，我刚来，跟谁都不熟悉，没人愿意给我。"

李经理："你来这么久还没有把人际关系建立起来，说明你在这方面存在不足啊，你想过没有为什么会这样，是不是你平时跟大家交流不够？你应该好好反思一下！上个星期大家都加班加点的，只有你一下班就走了，你这样怎么能和大家建立好关系呢？"

小赵："领导，我的工作都做完了，下班了还留在公司不走，我想不出有什么必要。虽说是有加班费，但这不是浪费资源吗……"

上述案例中的指导是不成功的。因为小赵已经被激发出了逆反情绪，究其原因就是管理者并没有真正地去指导下属的工作，而是借机会发泄自己的情绪，炫耀自己的过去，指责下属的失败，这样的指导一定会在下属心中留下阴影，认为领导的工作指导就是讽刺和批评，从此以后，员工就会对这种"指导"心存畏惧，也就谈不上因人施教和诲人不倦了。

三、设定实现目标的计划

对于一个组织而言，每个层级的管理者都要制订计划，高层管理者制订的计划称为战略性计划，中层管理者制订的计划称为运营性计划，基层管理者制订的计划称为操作性计划。这些计划在本质上都是相同的，只是计划的范围、时间、详细程度和变化的频率不同，越是高层的计划就越宏观和抽象，越是操作层面上的计划就越微观和具体。

写出符合要求的计划，要作以下3个方面的准备。

第一个准备是了解企业的总体目标。在确定部门工作目标前，先仔细了解企业的战略方向，每一个企业都应该有自己的战略规划，我们需要在自己了解的基础上帮助员工理解发展方向。那么，怎样才能帮助员工理解组织战略呢？我们可以从以下问题入手。

- 你的团队为何而存在？它向客户和组织提供了什么价值？
- 你想创造的未来是怎样的？
- 在你的行业中，市场竞争的情况怎样？你将怎样参与竞争？
- 你的公司和团队在未来三年至五年内要实现的最重要的目标是什么？
- 每个成员在团队中的作用怎样与宏观大局相一致？

第二个准备是分析外部环境。只有将外部环境分析透彻了，才能确保部门的目标更好地与当前和未来环境保持一致。比如，财务管理部门就应该分析当前国家经济运行指标和相关标准，跟踪最新的、与企业有关的法律法规，跟踪上级财政主管部门的政策和督导评价体系的变化。

第三个准备是分析企业和部门的内部资源和能力。要分析自己部门（确切地说是你这个部门负责人）在组织内部拥有哪些工作优势，还存在什么薄弱环节。每个企业和部门都受到资源和技能的限制。资源和能力完全具备是不可能的，在这方面不可以追求完美。

在整个计划中，目标设定最为重要，设定目标也是一个管理者最基本的技能。目标其实是你所在部门对外的一项承诺，确定目标也是为绩效评价奠定基础，为工作提供积极的动力。中层管理者知道自己的目标会更有效率。

一个高效的工作计划是从设定有效的工作目标开始的。下面给大家描述一下有效目标的5个特征，我们可以通过其SMART来记忆：具体的（specific）；可衡量的（measurable）；一致的（aligned）；可实现的（reachable）；时间限定的（time-bound）。

一是具体的，如果目标模糊不清，比如你将目标设定为“努力提高工作质量”，那么人们就会根据自己的经验和能力作出不同的理解。而如果目标是明确的，比如将产品合格率提高2个百分点，就更能激发大家的工作动机。

案例27

对于一个网文编辑来说，提高文章质量就是无效的目标，而具体化的表达应该是我要提高文章的转化率，也就是点赞和转发数。作为网文编辑的产品经理，如果说想要成为一名合格的内容运营者就是无效的目标，有效的目标应该是我要掌握文案技巧，让整体的文章转化率（点赞和转发数）提升。

二是可衡量的。只有当目标足够具体，具体到能够被校验和衡量的时候，目标对于实施者来说才有意义。这就涉及量化的标准，比如针对员工的工作态度问题，部门设定的目标是提高员工的工作积极性，像这种目标就不够具体。具体的目标应该让工作积极性的提高有可以衡量的实质性内容，比如，员工的工作量、遵守上下班制度、工作的服从性、工作的彻底性等方面。

案例27（续）

提出具体的期望值

网文编辑可以把自己的目标具体为可以衡量的标准：

1. 我要将转化率控制在25%以上。

2. 我要掌握文章设主题，找创意，切痛点，改标题，练排版等技巧。

三是一致的。部门的目标应该有助于完成企业的使命，实现企业的愿景和战略目标，部门目标应该与企业目标保持一致，而一线员工的工作目标又应该与部门目标保持一致。

案例27（续）

目标的一致性

如果中期目标是“一年内成为一个合格的文案撰写者，能够独立完成文章的一系列创作工作”，那短期目标就应该是“掌握文案基本创作技巧”。短期目标与中期目标具有很强的相关性。

四是可实现的。不切实际的目标只会让人感到沮丧并有可能中途放弃。不过，目标也不可以设得太容易，那样就会缺乏挑战性。那些既有挑战性又可实现的目标对员工来说才是最好的激励。

案例27（续）

可实现的目标

假如一个还没有写过文章的实习生，定下了“我要在1个月内成为文案专家”这个目标，那这可能就是一个不切实际的目标。更可靠的目标应该是：“我要在3个月内学会确定文章主题，切痛点，改标题，练排版等技巧。”

五是时间限定的。没有时间限定的目标有可能被忽视，因为缺乏紧迫感。目标应该在具体的时间限定下完成，比如可以设定目标为“截止到明年2月1日，我要完成3本书稿的编辑整理任务”。

案例27（续）

给出时间限制

目标的时限性就是指目标是有时间限制的。比如笔者在运营某微信订阅号时给自己定的目标是“在2018年8月8日达到1000关注量”，这里的2018年8月8日就是确定的时间限制。并且在文章中告诉读者，实现目标的限定时间快到了，但是笔者的目标还没有实现，希望大家关注笔者一下，让笔者离目标更近一步。

工作目标往往不是一个人的事情，部门目标更不能是由主管领导单独制订出来的，所以必须动员员工一起讨论，经过讨论而设定的目标更能被大家所接受。员工必须真正参与到讨论当中，领导者应该让大家真正感觉到你对他们意见的尊重。如果管理者总是自我标榜鼓励员工参与讨论，但事实上早已在心里定好了答案，就会被大家认为只是做做样子，而不是一个真心实意的人，以后员工也就不愿意再参与讨论了。

在讨论的过程中，管理者要鼓励员工，让他们相信自己具备实现目标的能力。当一个人自认为能力不足的时候，是不太可能完成具有挑战性的目标的。

在设定目标时，最好根据目标的重要程度设置优先级，也就是根据其重要程度对目标进行排列，以便在最重要的目标上分配更多的时间和精力。为什么要设定优先级呢？那是因为人们总是倾向于选择简单的目标以保证成功，尤其是仅以实现目标的数目作为奖励依据的时候。

四、让HRBP真正为一线业务提供支持

现实生活中，我们无法要求一线的业务主管从一开始就具备全面的管理能力，加上现在基层主管普遍年轻化，经验有限，那种能力全面、业务精深的主管越来越少，于是团队支持和能力配置就显得日益重要。

正因如此，当下企业内部开始流行HRBP（HR Business Partner，人力资源业务合作伙伴）模式，其目的就是能够辅助一线员工更好地完成任务指标，服务客户，同时还要从HR的角度思考如何实施辅助业务战略。

HRBP又称为人力资源业务合作伙伴，实际上就是企业派驻到各个业务或事业部的人力资源管理者，他们主要负责协助各业务单元高层及经理在员工发展、人才发掘、能力培养等方面的工作。其主要工作内容是负责公司的人力资源管理政策体系、制度规范在各业务单元的推行落实，协助业务单元完善人力资源管理工作，并帮助培养和发展业务单元各级干部的人力资源管理能力。要做好HRBP，需要切实针对业务部门的特殊战略要求，提供独特的解决方案，将人力资源和其自身的价值真正内嵌到各业务单元的价值模块中，这样才能真正发挥和实现HRBP的重要作用。

下面笔者通过分析华为HRBP，帮助读者理解这个管理模式。

一般说来，HRBP要承担6个角色：

- 战略伙伴
- HR解决方案集成者
- HR流程运作者
- 关系管理者
- 变革推动者
- 核心价值观传承的驱动者

我们来具体看一下。这6个角色的定义说明。

1. 第一角色：战略伙伴

①角色描述：参与战略规划，理解业务战略，将业务战略与HR战略连接，并组织落地。

②关键业务活动

- 战略理解

作为战略规划的核心成员，参与SP（Sales Promotion，销售促进）规划；将SP作为“望远镜”，理解中长期业务战略。

● 自外而内观察环境

关注客户需求，分析竞争对手和业界标杆，洞察外部人才市场，发现组织、人才和氛围方面的机会和差异，提供有价值的人力资源分析作为SP的输入。

● 战略连接

组织制定人力资源战略（组织、人才、氛围），确保从业务战略到人力资源战略的紧密连接。

● 执行落地

根据业务规划（SP/BP）和人力资源战略，制订人力资源年度工作规划，并纳入AT（Administration Team，主要负责组织内干部的任用推荐和员工评议、激励的相关工作）议题，通过AT跟踪落地。

2.第二角色：HR解决方案集成者（HR Solution Integrator）

①角色描述：理解业务诉求和痛点，集成COE（领域专家中心）专长，组织制定HR解决方案，将业务需求与HR解决方案连接，并实施落地。

②关键业务活动

● 理解业务需求

准确理解业务诉求和痛点，主动利用组织诊断等工具识别需求和问题，将业务需求转化为HR需求。

● 制定解决方案

集成COE的专业化方法和工具，组织制定既符合公司核心价值观，又匹配业务需求的简洁适用的HR解决方案，并与管理团队达成一致。

● 组织执行落地

组织业务主管、COE、SSC（共享服务中心）等相关角色，制订实施计划，执行落地；及时衡量解决方案的实施效果，根据需要进行优化调整。

- 总结和回顾

总结固化经验；为COE在制定政策、流程和方案时提供业务输入，将经验固化到流程中。

3. 第三角色：HR流程运作者

①角色描述：合理规划HR重点工作，有效运作AT，提升人力资源工作质量与效率。

②关键业务活动

- 制定HR工作日历

根据公司和上级部门的HR工作日历，结合业务需求，制定部门HR工作日历，保证HR工作规范化和可视化。

- 制定方案与实施

结合公司的政策导向和业务需求，制定各项人力资源工作的实施方案；并根据执行情况持续优化，确保对业务的适用性。

- 运作AT

建立有效的运作机制，提高决策质量，保证人员管理工作的客观和公正。

- 赋能主管

借助教练式辅导、90天转身等工具帮助主管（尤其是新任主管）理解和掌握HR政策、流程，提升其人员管理意识和能力。

4. 第四角色：关系管理者（Relationship Manager）

①角色描述：有效管理员工关系，提升员工敬业程度；合法用工，营造和谐的商业环境。

②关键业务活动

- 敬业度管理

借助组织气氛评估工具，定期评估员工敬业度水平，识别改进机会，采取改进行动。

- 矛盾调停

建立主管与员工的例行沟通渠道，让员工理解公司、让主管了解员工；认真处理好员工的建议和投诉，持续改进管理工作。

- 员工健康与安全

将员工的健康与安全纳入HR的工作流程中，以预防为主，通过压力测试等活动，引导员工发展积极正向思维，通过业务主管、HRBP、秘书等途径，提前识别风险人群，持续跟踪。

- 突发和危机事件

快速响应，组织制订应急方案，妥善处理。

- 合规运营

确保人力资源政策符合当地法律法规，防范用工风险。

- 雇主品牌建设

当地雇主品牌建设。

5.第五角色：变革推动者

①角色描述：理解变革需求，做好风险识别和利益相关人群沟通工作，确保变革的成功实施。

②关键业务活动

- 变革方案制订

风险识别——理解变革需求，提前预见和识别变革过程中在组织、人才、氛围方面存在的阻力和风险，提供响应变革方案。

利益相关人沟通——帮助业务主管做好变革准备，确定变革方案，制订利益相关人群沟通计划，积极主动影响变革相关利益者，做好变革沟通。

- 变革实施

负责组织、人才、氛围方面的变革实施，及时发现并解决问题，促进变革成功。

- 评估与固化

评估变革效果，将好的实践融入业务流程和人力资源流程，固化变革效果。

6.第六角色：核心价值观传承的驱动者

①角色描述：通过干部管理、绩效管理、激励管理和持续沟通等措施，强化和传承公司价值观。

②关键业务活动

- 干部身体力行

通过对干部的选拔、辅导和管理，让干部践行核心价值观，并通过干部大会等方式定期回顾和研讨；各级主管在业务管理和人员管理工作中，持续向员工传递核心价值观。

- 员工理解实践

组织部门员工学习、理解核心价值观，讨论输出结合本职岗位的具体行为表现，并通过绩效管理、激励分配、树立标杆等方式进行强化。

- 建立沟通渠道

定期安排各级主管和员工学习公司政策和讲话，利用全员大会、案例宣传等形式持续传承核心价值观；对于核心价值观传承中的问题，及时反馈给管理团队，制定改进措施。

- 跨文化传承

尊重和理解文化差异，针对不同的文化背景，不同层级的员工，制订有针对性的传递方案，用其能够接受和理解的方式进行一致性传承。

这个模型和角色定位很清晰，也很专业，如果实施到位肯定对企业大有裨益。那么真实情况如何呢？笔者有几次和企业的HRBP打交道的经历，但发现并不是所有的企业都能真正地把这个BP（Business Partner）的角色理解到位，有的人不过是换了一个时髦的名头，工作内容、工作方式还是老一套，这就有点自欺欺人了。

还有的企业在听到HR三支柱的理论后，马上就在公司实行，但他的公司可能连个专业HR都没有，这样就反映出虽然很多企业行动迅速，接受新事物快，但是储备不够、理解不到位。那么有没有在这方面比较成功的范例呢？当然有，这个企业就是华为。

案例 28

华为如何培养HRBP

华为对HRBP的后备人才培养，分为3个阶段：自主学习阶段、赋能培训阶段和在岗实战阶段。

一、自主学习阶段

华为公司的HRBP后备队伍主要来自新入职员工和内部转岗人员。在这个阶段主要解决新上岗项目HRBP“应知应会”的基础知识和角色认知不清等问题。

这个阶段的学习是员工借助公司现有的E-learning（在线学习）平台自主学习基础知识。

在训战培养开始之前，公司为这些新人提供了详细的自主学习路径，主要包括4个方面的内容：

一是HRBP的岗位要求。HRBP需要学习主要领导就HRBP发表的有关内部讲话纪要。自学《HRBP工作手册》中角色认知的部分。理解HRBP的角色模型，而每一种角色后面都有相应的案例可以学习。

二是HR管理理念与政策。HRBP学习人力资源政策规定，研读华为高级干部研讨班的教材，领悟华为人力资源管理的精髓。

三是HR专业基础知识学习。HRBP学习华为内部专家讲的各模块知识，了解HR流程架构，参加公司的HRBP基础知识考试。

四是学习实用工具方法与优秀实践案例。HRBP学习成为业务部门伙伴所需要的方法论，掌握HR解决方案的信息资料，学习优秀的HRBP实践案例。

二、赋能培训阶段

新上岗的HRBP在完成课前学习与相关考试后，正式进入华为大学和干部联合组织的“训战”培养环节。“训战”阶段由华为大学负责，学员需要完成3个主题培训：企业文化与价值观培训、项目HRBP赋能、C8项目管理资源池培训。

1. 企业文化与价值观培训

企业文化培训班隶属于华为大学教育学院新员工与企业文化培训系。新上岗的HRBP若原是公司内部员工，可以选择性旁听企业文化培训的部分课程；若为新入职员工，则必须全程参与4天的新员工企业文化培训。企业文化培训的学习内容主要包括：华为公司介绍、华为的核心价值观、人力资源政策制度、职业责任与商业行为准则、新人新路等。此外，在课间和晚自习期间，班主任还会组织学员开展团队建设与团队体验活动，如团队晨练、户外拓展游戏、室内模拟沟通游戏等。

在此过程中，新上岗的HRBP从业人员不仅需要学习和理解公司文化与核心价值观，还要思考如何进一步将公司的核心价值观传递到一线项目团队中去，并有效承担核心价值观传承者的角色，做一个好“政委”。

2. 项目HRBP赋能

项目HRBP赋能班隶属于华为大学教育学院管理者学习方案部。与以往的HRBP研讨赋能班不同的是，该培训项目针对项目HRBP开设，基于项目管理运作流程和关键管控点专门进行了课程开发与教学设计，并于2014年10月起正式实施。项目HRBP赋能班的目标是使学员了解HRBP 在项目中的角色和定位，掌握项目HRBP的基础知识，明确项目HRBP的关键动作和关键技能，快速融入项目，发挥项目HRBP在项目管理中的专业价值。

为保证培训效果，管理者学习方案部邀请了来自公司项目一线，具有成功经验的资深HRBP专家担任课程讲师。在为期10天的培训过程中，学员第1天学习项目管理基础知识，接下来的8天将围绕HRBP在项目中的角色职责和关键动作的不同主题进行团队研讨，选取项目一线的典型案例，还原实战场景。

研讨各主题具体包括：HRBP角色认知、项目组的组建与运作、项目人才的供应管理、项目成员的绩效评价、项目奖金的生成与分配、非物质激励、项目人力资源的管理诊断和解决方案等。而在最后一天，每位学员将结合前面学习的内容，围绕“如何快速融入项目”的主题进行最终的总结汇报。

3. C8 项目管理资源池培训

C8项目管理资源池培训项目隶属于华为大学教育学院项目管理与案例学习方案部。该培训班的学员会集了项目经理、技术、质量、供应链、财务、合同法务、项目控制等与交付项目管理有关的8种员工角色，称为项目管理“八大员”。正如任正非所说，“项目管理资源池主要是推动‘八大员’的循环进步，倾向于以执行为中心……”C8项目管理资源池以提升项目经营能力为主，旨在建立“八大员”的协同意识，了解项目管理各流程中的协同点与协同方法。

自公司高度重视项目HRBP以后，华为大学整合不同部门的资源，使HRBP在项目HRBP赋能班结束后，以“第九大员”的身份加入C8项目资源池作训中。

在又一个为期10天的培训中，项目HRBP学员开始真正进入模拟项目团队，担任项目HRBP角色，与项目团队中的其他角色并肩作战。培训内容依据交付项目流程，划分为分析规划阶段、建立项目阶段、实施阶段和移交关闭阶段。

项目HRBP和其他成员一起真正模拟参与了端到端的整个交付项目管理全过程。除课堂模拟仿真演练的讨论案例外，C8项目资源池作训班也非常注重学员自己的实战案例的总结与分享，10天中有5天晚上都是学员的案例分享时间，学员在之前的实际工作中碰到的难题也可拿到班上讨论。

作训结束后，学员一方面系统地学习了项目管理的全流程，另一方面也建立了跨职能角色的沟通与协助意识，真正做到学以致用。

三、在岗实战阶段

完成华为大学的三项赋能培训之后，新上岗的项目HRBP将奔赴一线，从模拟训练场进入项目实战。在进入项目的初始阶段，学员需同所在项目的项目经理和代表处HRD等一起制订实践计划，之后开始为期6个月的在岗实战。

在此期间，学员需要全程参与1个到2个主要项目，项目HRBP

不仅需要在实践中不断持续提升自身能力，同时也肩负着将所学知识应用于项目实践，传播给项目团队同事，真正为项目创造价值的任务。

在完成这6个月的实战后，HRBP项目组将统一安排学员进行出营答辩，完成训战成绩评定和任职资格认证，出营后正式定岗，进入公司全球各地的项目组或海外地区部和代表处，整个项目HRBP的培养工作至此结束。

The Leadership Challenge of Lion's Share

第六章　有效管控的保障措施

对竞争对手而言，我们更有吸引力；对客户而言，来了就走不了。这就是经营的智慧，而对管理而言，就是把已做出决定的事情做到位。

第六章　有效管控的保障措施

一、统一行动必先达成共识		
1. 达成共识的前提是充分探讨	充分探讨就是大家能发表自己的意见	头脑风暴的氛围应该是自由开放的
	领导需要把控谈话的方向和进展	将大家的思路结构化，有利于聚焦目标
		引导大家共同认识到问题的核心
2. “精英领导”模式思辨	专制领导风格的成功是有前提的	没有精英权威的人企图以专制和强权来管理会导致失败
		现今的组织中强调扁平和平等
	精英模式的成功核心	不同层级流程系统的规划详尽到位
		协调工作只能由精英来做
		营造精英所需要的环境
	精英领导模式的辩证分析	对于少数的优秀者给予激励，效果会更好
二、建立解决问题的机制		
1. 流程不能实现“毕其功于一役”	流程细化再到位也会有问题出现	员工总有图省事的心理
	责任心的建设最关键	追究责任实施奖惩都是提醒注意的手段
		要把警醒机制化和常规化
2. 解决方法要上升到组织高度	公开处理的目的是表明组织价值观	扩大影响的目的是告知更多人
	形成常规的机制是为了教育员工	延续影响的目的是重复警醒更多人
	从制度的高度来思考解决办法	避免重复发生或降低发生的概率
3. 提高开会效率	会议的本质是“解决问题”和“教育训练”	避免形式主义
		要做周密的会议准备，避免低效会议
		会议要有主持人来把控节奏和内容的聚焦

	会议管理的高效标准	会议的目标要清晰
		会议要有时间限制
		会议需要好的氛围

第一节 ┃ 统一行动必先达成共识

一、达成共识的前提是充分探讨

在当前企业培训的课题中，会议管理很受欢迎。其实，这种模式化的思维害人不浅，成功是没有模式的。一个人成功后，另一个人尝试重走这条路几乎也是不太可能的，苹果的成功举世皆知，而"史蒂夫·乔布斯"却是独一无二的。

企业的学习也有方法可循，会议管理更大意义上是行为习惯的管理，从高管层到基层在会议期间都要遵守相同的行为模式，而这个行为模式是不是适合企业文化、使用人群是否有改变的动机、落实这个方法有没有保障的制度，这些都是企业学习要考虑的问题。若仅仅是听一个课程，那么最后的结果只能是："知道了，但是做不了。"领导者回过头来埋怨培训没用，员工没有上进心，其实领导者才是学习投资失败的源头。

现阶段组织内传统会议的"领导讲话，下属记录"的方式已经在悄悄改变。随着教育水平的提升、知识含量的增加，人们更喜欢能够自由表达和提出意见的环境。

中层管理者要想实现工作的有效开展，必须要通过一个具有实效性的举措为全体成员统一思想，只有每个人对这个目标认同了，才能拥有高涨的积极性和良好的协调力。如何实现这一目标？头脑风暴是一个好办法，在不脱离既定目标的前提下让与会人员群策群力，这也正验证了会议管理中的观点：让下属先说、多说，上司后说、少说。

案例23（续）

一、建议管理

在行长的带领下，围绕“如何避免客户流失”这个主题开展头脑风暴，大家提出了若干建议。

这个动作包含了两个含义：

第一，中层管理者面对问题时必须对散乱的信息和意见进行整理，帮助成员梳理出清晰的解决思路。

第二，提醒所有成员培养面对问题时的逻辑思维和把问题结构化的能力。

表6-1 如何避免客户流失的4C分析

便　利	成　本	沟　通	客户需求
公私业务分类	设立大堂经理（引导员）	便民意见卡	阅读材料
开拓网络银行业务	扩大营业场地	设立行长信箱	停车场地
开通手机支付平台	增加自动设备	重点客户上门服务	等候区音乐、视频
——	业务不熟练	——	提供饮用水

二、思维方法

方法一：从产品或服务提供者出发，可以按照产品特性、价格区间、渠道特征等维度进行分析。这些维度也基本涵盖了产品方的全部信息，能够有效地对分散信息进行汇合与梳理。

由于Product（产品）、Price（价格）、Place（渠道）和Promotion（促销）这4个单词的英文字头都是P，简称为“4P”理论。

Product（产品）：产品的独特卖点及功能诉求。

Price（价格）：定价体现了品牌战略及品牌的含金量。

Place（渠道）：经销商的培育和销售网络的建立。

Promotion（促销）：以短期的行为促进销售的增长。

方法二：从产品或服务使用者思考。这个角度是对客户进行分析，看对方在顾客需求、成本考量、便利性条件和沟通倾向上的具体期望，以便对客户分析的大量信息进行梳理。

由于Customer（顾客）、Cost（成本）、Convenience（便利）和Communication（沟通）这4个单词的英文字头都是C，简称为“4C”理论。

Customer（顾客）：主要指顾客的需求。

Cost（成本）：顾客购买商品时，所支付的全部成本。

Convenience（便利）：为顾客提供最大的购物和使用便利。

Communication（沟通）：通过积极有效的双向沟通，建立关系。

案例中行长所用来整理零散创意的办法就是“4C”理论，若大家都能在相应的场景下使用这两种主要的思维框架，那么团队成员思路的“一致性”和“条理化”就会有很大的改善。

案例23（续）

行长：有人提出强化培训，那么请问培训就能够让人员的业务水平提升吗？我们应该如何确保培训的效果？

某领导：可以通过强化活动落实培训成果。比如技术大比武……

行长：好，技术大比武的本质用意是什么？

某领导：强化大家的业务熟练程度，提升业务能力……

行长：很好，这么做，短时间能够看到成果吗？

某领导：应该可以。

行长：那么该如何才能保证长期成果？

某员工：最好有激励机制的配合，实现多劳多得……

行长：对此你有什么建议？

某员工：以办理业务量为标准进行考评。

某员工：还有存取款金额。

某员工：还有出现差错的频率。

某员工：还有服务的质量……

行长：这几个关键项能够相对全面地评判一个业务人员的业绩吗？

某领导：几乎可以。

行长：好，我们来看一下这几个关键项目的考评办法……

行长：按照这样的方式对业务人员的业绩进行评估大家觉得公正吗？

某员工：没问题，这样看来是比较公正的。

某领导：这个方法比较合理，相信大多数人都能认可。

行长：很好，既然大家都能够认可，那我们就按照现有的方法进行考评，先试运行半年，再来探讨需要改进的地方，在试运行半年后如果没有什么问题了，就确定下来，即使今后再调整也是微调。大家同意吗？

众员工（异口同声）：同意！

二、"精英领导"模式思辨

企业目标达成共识才能执行。这一点很多人未必真正认同。很多人已经习惯了精英管理。然而时势造英雄，没有艰苦的考验不可能把人们的差距拉开，没有艰难的时世也不可能造就一流的英雄。

大部分人都在做平凡的工作，平凡的工作中没有精英，若管理者试图以精英方式领导他人则可能会碰壁，甚至还很容易走向专制。

现今的组织中强调扁平化与平等，这是一种顺应时势的正确做法。但不能就此否定精英领导，若管理者能够树立起权威，那他的领导必然更加有效。

案例 29

Google（谷歌）的精英管理

Google奉行的就是这种精英管理哲学，他们永远只招最聪明的人。并且相信最聪明的人可以避免很多办公室政治和无谓的内耗。Google赋予每个人最大的自由，让他们自由发挥。所以他们很多伟大的产品都是在工作之外做出来的。Google earth就是其中的一个例子，相似的例子还有很多。Google给人的感觉就像一个聪明人的天堂，可以拿钱又可以发展自己的兴趣，这样的公司就是童话一般的世界。罗永浩说过这样的一段话，笔者深有同感："我年纪越大，就越觉得那些心理阴暗，一肚子心计，满脑子阴谋论的人，是因为智力不够。这和我小时候的认识是相反的。尽管存在个体差异，但是整体看来足够聪明的，进化得更好的人群，通常会倾向于选择公平、正义，并更容易具有坦诚、善良的品质。"

所谓的"精英管理"就是基于个人表现和成就的奖励模式，它在职场中的影响巨大。公司按此模式运作，就意味着必须将业绩公开化、透明化，这样人们才会心悦诚服地对英雄献以鲜花和掌声。

但笔者也发现，当涉及如何评估员工、给他们怎样的待遇时，“精英管理”的模式也有弊端——员工受到奖励是因为“做得好”，而非“做得久”。赛场和职场规则不同，明星和英雄可以让工作精彩纷呈，但是如果人们对安全感的依恋战胜了对出类拔萃的渴望，人人都想着稳稳当当就好，那精英管理模式就会起到相反的作用。

企业关心的是把人才留在自家屋檐下，不想让外人知道，生怕被挖墙脚。离职者经常被认为对企业不忠诚，但对员工来说，他们仅仅期待有事可做，如果做得还可以，就继续做下去。普通员工往往认为他们到了办公室就埋头做事，不惹麻烦，按部就班，受到褒奖就是理所当然的。这个结论虽然不完全正确，却是绝大部分普通员工的想法，他们就是普通人，也不指望自己成为“大英雄”。而我们的管理，是要绝大部分人都能开心愉快地工作，那么这些人的心理诉求就不能被忽略掉。

第二节 ┃ 建立解决问题的机制

一、流程不能实现“毕其功于一役”

笔者在天津出差时入住了××酒店，在此期间看到该酒店内刊的一篇文章，大意是该酒店前台工作人员在进行交接班的时候出现了疏漏，导致当晚20间房空置。该酒店对责任人进行了处罚，并对两个当事人的主管领导也进行了处罚。

我们可以就此事做一个思考。酒店工作出现纰漏应该是两个工作人员工作交接的问题，所以交接手续与交接流程不严谨可能是问题所在。

这个判断有一定的道理，但是我们再考虑一下，一个成立了十几年的酒店，会不会在工作流程上有很大的漏洞，笔者认为这种可能性是微乎其微的。

在此观点上我们还可以继续延伸：把流程细化，在每一个环节都有人员签字，这样是否就能做到责任到人？笔者经常在出差时坐高铁，注意到高铁的卫生间里是有交接班的表格的（每次去都能看到工作监督的纸质卡片），而且每个具体项都有相关人签字，这个流程已经算是比较细致了，但我们还是会发现有的车厢卫生间很整洁，有的则不行，这是什么原因？我想可能很大的原因是需要有人监察。

现在我们要探讨一个问题，在事故发生后我们追究责任人的意义何在？诚然，我们要找出真正的“责任承担者”，然后采取奖罚手段。难道我们的目的是惩罚这个员工吗？当然不是。有人会说，我们的目的是通过惩罚引起注意，避免今后再发生同样的问题。那么为了避免再发生类似的问题，我们应该怎么做，才能最大限度地实现或靠近这个目标？就像内刊上报道的那样：当事人被处以重责，当事人的主管领导也被处以重责。处罚结束后这个问题就算解决了吗？距离实现我们的目标——“避免再发生”，能否更加接近？

我们可以推想：即使我们把流程细化到了完美的地步，还是会有问题，“每天签字太麻烦了，我们之间的交接就这么点工作，干脆把字都先签完”。如此一来，制度就成了走过场，真正出现了问题还是无法做到责任到人。

完美的制度未必就能实现完美的工作，失去了责任心，制度就会变成一张废纸，我们期望的是制度相对完善并具备足够的责任意识，才能接近我们期望的目标。

那么如何才能让责任心更强？罚款的效果如何？

罚款，可以让员工记住自己的过错并为之付出代价，形成深刻的记忆，起到警醒作用，也能够引起同事的注意，进而规避风险。

奖励和惩罚都能够引起他人的注意，我们从组织的角度出发更要考虑引起注意、引发警醒／效仿的效果，并尽量把这种效果发挥到极致。

如何才能激发责任心？就是在尽可能多的工作环节上都有足够可以引起员工注意的信息。例如，现在对酒后驾车的制裁比较严厉，所以很多人开始重视这个问题，这当然是受“严刑峻法”的影响，制度的严苛会让很多人有所忌惮。可还是会有人存在侥幸心理或者对自己的驾驶技术过度自信。

但如果已喝酒的人一坐上驾驶位，身边的朋友或者有个声音就对他说：“××地点发生一起严重车祸，属于酒后驾车，伤者付出了失去双腿的代价。”这样的声音和画面可能会引起当事人的慎重思考进而停止冒险行为。

激发责任心的一个很重要的管理举措就是“警钟长鸣，事故为零”，必须要持续不断地提醒大家。经常会有这样的标语：力争安全运行，300天零事故。每天都跟大家强调300天零事故的目标，提醒大家注意，直到实现预期。那我们在企业里如何实现这个目标呢？就需要我们把员工出现的典型失误做成案例，编入员工手册，每次员工培训都要拿出来说，无论是新员工还是老员工，其目的就是不停地提醒工作人员这些环节要小心，可能会有失误。这个做法就等同于有一个声音在耳边不断提示，唤起你的注意。

二、解决方法要上升到组织高度

现在我们需要把“警钟长鸣，事故为零”的管理理念转化为行动。笔者建议从以下两个方面入手：

第一，事件处理结果的声音要尽可能放大，让尽可能多的人都能听到，扩大影响、引发关注；

第二，让这个声音持续得尽可能长久，并能够在工作场所不断重复，以达到警醒的最大化效果。

按照这个思路，我们把解决该问题的流程梳理出来，供读者参考。

具体的行动方案可以表述如下：

一是将该事例的处理结果公之于众，在内部大会、内刊和内网上刊载事故处理结果，深入发掘事故引发的原因，唤醒员工的责任心，让事件的影响传达到组织内部的每一个人身上。

二是责令当事人提交事故总结报告，责令当事人主管领导把该事故编写成案例，并规定在某期限内收集该岗位典型案例不低于10个。知会人力资源部在对该案例进行审核后将其编入员工手册。

很多管理者内心都期望能够有一个方法可以长期有效地“解决”某个问题。事实上这种想法很难实现。前文提到的责令相关管理干部把事故案例汇集进入员工手册，就是一个“长久的解决办法”。

首先，真人真事对人的教育作用是具备震撼效果的；其次，员工手册对于新员工培训和员工轮训来说都是核心教材，让大家回顾就是在不断地提醒大家。至于让主管领导收集不少于10个案例的用意，想必大家也能猜到：这些案例基本能覆盖一个工作岗位上所有能够出现漏洞的状况。换个角度想就是：在这个岗位上可能出错的地方我都指出来了，今后该岗位的员工就可以降低“再犯的频率”。

一直不变的只有“变化”。任何管理措施都不可能达到“一劳永逸”的成效，人和事都是在不断变化的，相应的管理措施也要不断调整。永久不变的就是“变”，本质和目的清楚了，推陈出新的就只是“手段”，“道”明白了，变化的只是“术”。

案例30

海底捞的7个不放过

1.找不到问题的根源不放过；

2.找不到问题的责任人不放过；

3.找不到问题的解决办法不放过；

4.改进方法落实不到位不放过；

5.问题责任人和员工没有受到教育不放过；

6.没有长期的改进措施不放过；

7.没有建立档案不放过。

三、提高开会效率

当前企业中普遍存在的没完没了的会议是大家十分头疼但却强烈依赖的一项工作。很多人都有过这样的感受：自从当上领导，开会和被开会就成了日常工作的一部分。公司高管一边埋怨总经理经常开会，一边又召集中层干部开会；而中层干部一边埋怨高管召集的会议，一边又召集基层干部和员工开会。

中层身处“上传下达”的位置，参加会议的次数明显要多于其他人。那些可开可不开甚至完全没有必要开的会议，和那些有必要开可是议而不决效率低下的会议，累积下来会消耗大量宝贵的时间，严重浪费组织资源。厌恶会议者似乎比热衷会议者要多得多，可是颇具讽刺意味的是：诅咒会议的人往往是些最不懂得开会，甚至最喜欢滥开会的人。

1.会议的本质是“解决问题”和“教育训练”

某企业的部门经理曾经描绘自己被迫开会的感受：犹如在海面上失去动力的军舰，天上的敌机轮番轰炸，自己却没有能力采取行动，只有忍耐。

笔者也曾亲身体会并研究过“会议之痛”：自己不是会议的主导者，会议开多长时间由不得自己，所以每次在低效的会议中，只要一想到还有工作计划没做完，部门里还有一大堆事务在等着处理，就会坐立不安、魂不守舍。可一旦自己召集部门主管或员工开会，就开始滔滔不绝起来，总感觉不把话全说完，工作就无法推动，于是会议拖沓冗长、沉闷乏味也就见怪不怪了。

理论上讲，一个商业组织内部形式主义的东西应该不多，但如果一个企业从上到下都是文山会海的话，我们就应该检查和反思了：今天的会议有什么实际意义？到底要达到什么样的效果？哪些人与这次会议的议题无关，可以不来参加？我们都很明白，实际上公司召集的各种冠冕堂皇的会议，有相当一部分都没有实际作用，一些本来发个通知就可以解决的问题，却偏偏要所有人都正儿八经地围坐在会议室里当听众“逐条学习”，这就是形式主义作风。所以，大幅度减少会议的次数是必要的，减少会议次数显然可以腾出时间来做更重要的事情。此外，会议次数的减少也会使会议内容更加精练，节奏更加紧凑，更能吸引与会者的注意力。

有些重要的会议是必须要开的，但也得限制会议时间。每次会议之前预估一下需要花多长时间讲解会议内容，有多少需要讨论的时间，然后在会议桌上放个小闹钟，时间一到即宣布散会。就像一个老师上课前必须备课一样，干部召集开会也必须备会，而不能等到大家都坐下来还不清楚今天到底要讨论什么话题。

会议最好指定一个主持人或者组织者，该人有责任对会议做一个详细的安排，一般规律是：讲话时间的长短与为它做准备的时间长短是成反比的。即发言的时间越长，为发言准备的时间就越短。反之，发言的时间越短，为其准备的时间就越长，因为必须通过事先精心的准备，来确保自己在有限的时间里向别人展示事实和观点。不应该在会议上谈与工作无关的话题，不必占用会议的宝贵时间去展现你个人的知识、风度、口才和魅力，提纲挈领就行了。可能当上级夸夸其谈的时候，某个车间的员工正在因为工作流程而争吵，那些年轻员工家里的孩子正焦急地等待妈妈回家做饭！

总结下来，会议主要有以下管理功能：提供信息、汇集信息、解决问题、宣传政策和培育训练。笔者认为，对管理产生最大作用的会议应是解决问题和培育训练这两个方面，其他3种会议都应该寻找替代方式，能减少就尽量减少。替代方式有很多，比如发个便条、备忘录，给相关人员正式的书面报告等。有人可能会担心这些书面的东西虽然经济易行，可员工不一定会认真看，就算看了也不一定能完全理解。其实，导致员工不能充分地从书面报告、留言中获取信息的原因恰恰是领导讲解得太多。至于那些为宣传政策而召开的会议，则只需将与此项政策相关的人员召集来开会就行了，比如评高级职称，只需要对有意愿评职称的和已经达标的员工宣传即可，其他人员则一律书面告知。

低效会议的召开，主要体现在以下几个方面：

（1）召集者是否为满足无聊的需要而开会？召集者觉得大家虽然在一个公司里，可散在各处各干各的，那就召集大家开个会聚一聚吧，这类会议其实与交际或聊天没有多大差别。

（2）是否为开会而开会？比如全员大会，明明最近没什么内容可讨论，但因为惯例和传统，不开的话似乎少了件事，历来星期五下午都要开会的，这次不开会不会是公司出事了？就开一次吧。

（3）是否出于从众心理？生产部门和销售部门都开会了，我们部门如果不开的话是不是会显得落后？公司领导会不会认为我们部门工作散漫？连开会都要攀比，怎么可能是有效会议！

（4）是否为推卸责任而开会？有些事明明管理者决策就可以了，但管理者害怕有风险，于是怂恿领导专门为此开个会，召集一大批员工来发表意见，哪怕最终决策是错的，你也可以脱身了。这类会议是欠缺勇气的管理者在面对决策风险时所惯用的伎俩。

（5）是否为逃避个别接触所可能产生的难堪局面而开会？比如部门只有两个人经常迟到，主管领导直接找他们本人沟通就行，可偏要召开一次部门全员会议，重申准时上下班的问题。管理者不愿意直接找他们，却让那么多人的时间白白花费在了原本不必要的会议上，使无辜的人也受到负面的评价而士气低沉。这一类会议毫无实际效果可言，甚至会带来负面影响。

2.会议管理的高效标准

会议是一种管理手段，但它并非唯一手段，也未必是最好的手段。重要的会议必须要开，但是要把重要的会议开好也不是一件简单的事情。在这里我们要重申会议本身的有效性问题，现在我们把召开有效会议的三条标准列举出来，供大家对照和参考。

第一条标准：目标能被达成。会议既然是一种管理手段，检验会议有效性的首要标准就是看会前设定目标的完成度。如果这次会议能很好地总结上一阶段的工作，又对下一阶段的工作作出了规划，目标达到了，这个会议就是有效的。

第二条标准：目标能在指定时间内实现。如果原定用2天的时间来讨论和制定企业的大政方针，结果却讨论了4天，会上争论不休，连个初步的认识都没有达成，那么会议就是低效的。

第三条标准：与会者对会议感到满意。开会过程中大家都能畅所欲言，虽然有些争论，可气氛很好，与会者心情舒畅，对今后的工作充满憧憬，这就是个好会。如果想在短时间内实现会议目标，或者让目标尽快达成，而剥夺了与会者自由讨论的机会，让与会者很不满意，那么会议也是不成功的。

想象一下，人们兴致勃勃地奔赴会议地点，可居然开了个无效的会，那么为会议投入的一切时间、精力和金钱就全部“打水漂儿”了。经济学中有个词叫作“机会成本”，就是指投入的时间、精力及金钱如果改变使用途径所能产生的效益。时间、精力及金钱本来可以用作多种用途，如果不将它们投入于徒劳无功的会议，而将它们导入其他途径，则可能获得某些更大的效益。

会议需要让大家满意，组织者需要培养自己驾驭会议的能力，尤其是要应对那些难对付的人，如万事通的人，好争辩的人，心有积怨的人，多嘴的人，犹豫不定的人，超然物外的人，故意捣乱的人，爱出风头的人等。因为他们的存在，可能会使你左右为难。仔细观察他们，找到应对的方法，那么将来你主持会议时才会更有效。

最后，笔者还要提醒中层管理者，有些会议你必须事先理解领导的意图。譬如，年底了，领导组织全体中高层管理者到风景秀丽的昆明去开会。个别管理者就会私下里抱怨："不就是开个会吗，跑那么远干什么？浪费时间不说，还浪费公司的经费！"这番话虽有道理却煞风景。实际上到一个无人打扰的地方去开会便于集中大家的注意力，提高会议效率，同时还有公司慰劳管理者的意思。管理人员平时工作压力大也很辛苦，但工资并不高。当初实行绩效工资制度，为避免干群矛盾，确保绩效工资方案顺利通过，公司有意压低了管理层的工资，此次外出会议也算是对管理层的一次小小的补偿。所以管理者需要领会企业高层领导的用意，要站在企业的高度和领导的视角去审视会议的边际成本。

The Leadership Challenge of Lion's Share

第七章　塑造学习型组织文化

明智的领导者是对业绩计划保持跟进；愚蠢者则总是想对下属的行为“把关”。理由就是他的确比下属“更高明一些”。但是“把关”并没有像他想的那样能够提升下属决策的效率，相反通过直接插手形成了对下属独立决策权的剥夺，他剥夺了下属“遐想、创意和产生激情的权利”。

第七章　塑造学习型组织文化

一、克服职业倦怠感		
1. 职业倦怠的表现形式	人不可能一直保持最佳情绪状态	员工的情绪在喜欢和厌倦之间波动
	职业倦怠的原因	情绪衰竭
		玩世不恭
		成就感低落
2. 职业倦怠的应对策略	个人层面如何消除倦怠感	自我调适情绪的方式说到底就是兴趣和欲望
	组织消除倦怠感的策略	不知道干什么
		不知道怎么干
		干得不痛快
		干得好怎么样，干不好怎么样
	获得成就感	克服困难和解决问题是消除倦怠感的“良方”
3. 一劳永逸是妄想，必须持续学习	永恒不变的只有变化	一旦确定目的后，变化的只是达到目的的手段
	商业中不变的本质是人性需求	满足客户的需求就是企业的使命
	真正解决组织问题的思路	用真实的案例教育员工
		把管理理念转化为文字
		亲自跟进关键环节不能让人代劳
	真正成功的领导者评价标准	不是看你的成果，而是促进了他人的成长
二、只有战火中才能产生真正的战士		
1. 复盘，在飞行中更换引擎	认识复盘	就是一种事后回顾和反思的机制，以利于经验的总结和沉淀
		多数人对成长是急于求成的
	培训是成长的辅助手段	要避免强制学习
		学习效果和投入资金未必成正比
	复盘的三种类型	提问
		写作
		交流
	复盘是员工成长的“利器”	成长的关键：在思想层面坚持复盘

2. 组织发展的内在动力是学习	组织学习的目的是促进核心业务	学习与发展部门要为业务提供促动力
	企业学习部门的定位	为了员工的成长
		避免去做基础研究
	组织内学习发展的典型案例	华为大学
3. 可持续发展的本质是变革管控	发展就是解决问题的过程	发生型问题：现实存在的问题
		设定型问题：视角的局限性
		未来型问题：推断的结果
	变革的策略	渐进式革新
		借助高层
		发动群众
		鼓励革新
4. 高效地做事	团结未必高效	从团结到合作的观念转变
	团队负责人的事务管理	过程性事务和建设性事务
	案例：培训业务的管理	规范性工作
		常规性工作
		建设性工作
		发展性工作

第一节 ┃ 克服职业倦怠感

一、职业倦怠的表现形式

管理中的问题总是层出不穷。作为中层管理者我们需要有“以不变应万变”的定力，这个定力就是在认识到问题的本质后，不为其他非重要因素所影响的从容。

管理的最重要形式就是管理沟通，而沟通的对象是人，所以在我们的企业环境中管理的问题主要是人的问题。是人就有情绪，人们对于工作的情绪基本是在“喜欢”和“厌倦”间波动（如图7–1所示）。

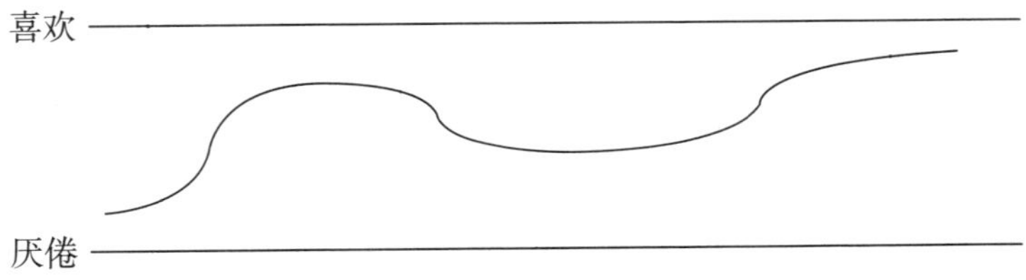

图7–1　情绪在“喜欢”和“厌倦”间的波动

很明显，我们希望员工长久地停留在喜欢附近，但是厌倦也无法消除。

有人把职场厌倦感分为3种表现形式：情绪衰竭、玩世不恭和成就感低落。

第一个表现：情绪衰竭，是指个人认为自己所有的情绪资源都已经耗尽，感觉特别累，压力特别大，对工作缺乏冲劲和动力，在工作中有挫折感、紧张感，甚至害怕工作。

第二个表现：玩世不恭，是指会刻意与工作及其他与工作相关的人员保持一定的距离，对工作不热心，不投入，总是被动地完成工作，对工作意义表示怀疑，不再关心自己的工作是否对企业有贡献。

第三个表现：成就感低落，是指个体会对自身持有负面的评价，认为自己不能有效地胜任工作，或怀疑自己所做工作的贡献，认为自己的工作对社会、组织及他人并没有什么贡献。

如果符合以上3点，那就说明该员工产生了工作厌倦感。职场中有很多人会出现类似的状况。造成工作倦怠的诱因有很多，如能力不能获得提升、工作没有挑战性、工作负担太重、对直接上司的管理方法和风格不满、待遇不够公正、对单位内部的沟通状况不满意、建议得不到领导的重视、人际关系很伤脑筋和规章制度不够合理等。

组织氛围是影响员工情绪的关键，很多企业号召员工进行情绪调节甚至是压力管理，却没有意识到要在组织建设方面进行改善，为员工营造一个相对“愉快”的职场环境，这就形成了平时所说的“隔靴搔痒”的结果。

二、职业倦怠的应对策略

在笔者看来，应对职场厌倦可以从个人和组织两个方面入手：

个人方面，可以尝试放松情绪、缓解压力。比如休假，当自己因为压力开始厌倦时可以采用这种方式，去郊游、泡温泉、钓鱼、划艇等，或者换个工作环境。如果真的感到目前所从事的职业不适合自己，或者仅仅是看在钱的分儿上才疲于应付，那还是长痛不如短痛，直接向老板言明自己的处境和期望，给自己换个更合适的岗位。倘若老板同意，那就可以另谋高就，因为只有做自己喜欢做的事才不会感到厌烦。

积极创新。这个方法适合有一定工作经验和一定职位的人。在工作中经常尝试一些变革和突破，会有效地缓解厌倦心理。

培养业余爱好。工作中受挫时，可以从业余爱好上找回平衡。培养爱好有助于放松心境，调整好心态。

还有一个淡化工作倦怠感的办法是制订具体的职业计划和目标。考虑清楚有关自己职业下一步发展的计划，循序渐进才是改变不称心工作的最好方法。

案例31

瘦鹅理论

1941年前后的中国台湾，物资极端匮乏，鹅只能吃到野菜和野草，这些鹅大多每只只有2斤重，根本卖不了高价。王永庆就雇人到菜园捡回菜根和粗叶，再从统一碾米厂买回廉价的碎米和稻壳，混合制成绝佳的鹅饲料。原本只有2斤重的瘦鹅，经过王永庆饲养后，重达7—9斤，非常肥大。王永庆也因此获利颇丰。

王永庆有过一段精彩的论述："我喜欢以'瘦鹅理论'来形容种种成就的由来。我幼时无力进学，长大后必须做工谋生，没有机会接受正式教育。像我这样身无专长的人，只有不断努力才能弥补上学习的不足，这是上帝对我赐的福。"

王永庆眼里的"瘦鹅理论"不仅是他成长的理念，也是他培养人才、带领团队的秘诀。他说，企业经营不善，问题不全在员工，而在老板的管理方法不当。为此，管理者要把握下面两个原则。

Tip 1：让下属充分了解工作的重要性。为下属分配重要工作的时候，不仅要把任务交代清楚，还要对下属讲明这项工作的重要意义和完成该项工作将获得的效益，以及该项工作出现失误将会给整个企业带来的损失等，让下属感到自己所从事的是一项很有意义的工作，而且责任重大。这样，他们自然会对工作产生兴趣，并充满热情和干劲。

Tip 2：对下属完成重要工作予以全力支持。下属接受挑战，除个人努力外，最重要的是得到领导的信任和大力支持。建议管理者在交给下属重要工作时有意制造最隆重的气氛，让他感到责任重大。而当听到别人对下属非议时，管理者则要予以驳斥，并且一如既往地重用下属。如果下属出现工作失误，领导人首先要对其进行安抚，暗示他继续大胆干，不要让下属背上思想包袱。最后，当下属确实因为某些客观原因而遭到挫折时，管理者绝不可将责任全部推到下属身上，而要主动承担部分责任，这样才能让其他人在工作中也敢于挑重担。

组织方面，需要考虑营造绩效导向的企业文化。向企业中的每一个成员表明：企业真正需要的和重视的是什么，抵制的又是什么。员工其实很简单，他们只需要几个简单明了的问题就行了。那些繁复的规定和制度都是给“不规矩”的人定的，正经上班工作的人哪里用得到那些规定。在与诸多职场人士的沟通和访谈中，我们得出结论，如果想要在组织原则层面，减少组织倦怠感的发生，就需要为员工明确以下几个方面的问题：

问题1：不知道干什么。

工作分析不到位，有人没事干，有事没人干，遇到职责界定不清时就临时抓人来做，用部分人的努力和贡献掩盖了另一部分庸才。

管理者工作目标不明确，做事情毫无章法，让下属无所适从，多次反复改变既定计划耗费大量的资源。

问题2：不知道怎么干。

企业从未给大家培训过，员工完全是依靠经验和直觉工作，如果有一个专家的指点，说不定员工就会少走许多弯路。新人入职后就分散到各个部门，基本上是自生自灭，做起事来更是一头雾水，误打误撞，若能够系统地培训一下员工，相信一定可以大大改善现状。

新人进入工作角色后，还要有老员工的传帮带，这样才能真正做到帮助员工成长。

问题3：干得不痛快。

绩效考核流于形式，或指标设计不合理，或量化程度不够。

公司领导每天都不知道在忙什么，自己做的工作得不到任何反馈，从来没有人告诉员工哪里做得好，哪里做得不好，员工看不到自己的前途。

企业价值观不清晰，员工不清楚自己干的工作有什么价值，对其所做的工作没有概念。

问题4：干得好怎么样，干得不好怎么样。

绩效结果应用不科学，和薪酬结合的紧密程度不高，不能做到奖勤罚懒；培训和职业生涯规划脱节，员工看不到自己的前途；用人机制老化，能进不能出，唯资历论，人才升不上去，庸才淘汰不出去。

绝大部分问题的出现，几乎都可以归结为以上几点原因。任何人做事都是有动机的，如果这个动机得不到满足，那么员工消极怠工、懒散就是很正常的现象。实际上对于企业管理者而言，你要做的就是打造能够让员工安心工作的环境和平台，如果这个目标不能实现，企业就必然难以达到真正的成功。在笔者看来，企业领导需要把握公司的发展方向，看准产业潮流，把握时代机会；而管理者则要把高层的意图转化为可以具体实施的行动举措以及行为规范。

我们有许多理由可以抱怨现状不尽如人意，但是这不能成为“无作为”的理由，请大家通过表7-1思考如下几个问题。

- 问题是怎么形成的？
- 为什么会形成这样的情形？
- 根本原因是什么？
- 该如何改进？

表7-1　案例问题与案例描述

案例问题	案例描述
当事人及事件背景介绍	当事人是笔者的一位“80后”下属，工作努力，但个性急躁，做事情只求尽快完成，常常出小错。对问题的分析能力不够，往往求速成，做事浮于表面。家庭条件不错，自视甚高。
事件过程描述	某次国际会展中，下属出现失误。回国后，笔者对其进行了批评指正，他表示会积极改正，并努力学习相关知识。但第二次，尽管会展前笔者几次和他进行沟通，会展效果仍不理想。
你是怎样处理的？结果怎样？	在与对方进行言语沟通后，对方虽理解笔者的目的，但改进效果不理想，做事仍浮于表面。笔者只好以身作则，和他一起跟供应商开会，处理问题。
就这个事件或现象，你的问题或困惑是什么？	在他已了解目的和实施过程的情况下，为什么仍不能很好地完成工作？是否真的是其能力有问题？或是笔者的方法有问题？这个情况是否是一个个例？

案例32

管理要像狐狸一样机警

郭台铭认为，管理是可以训练出来的。管理好比一种工具，可以通过练习掌握。郭台铭说：当个好领导一定要亲力亲为，亲自作决策，感受成败；亲自操作，掌握技巧，否则无法领导任何人。通常，领导者必须具备下面5个方面的基本能力。

一是明确阶段目标。如果没有明确具体的阶段目标，人们就无法知道自己应该干什么，也就不会知道每一阶段该完成什么样的目标，也就没有一个衡量工作好坏的标准。

二是团队设计。团队创建必须以目标为标准，根据目标对团队进行组织安排。团队设计要考虑能力与目标一致，要根据目标选配不同特征、能力的成员进行组合。

三是共同奋斗。士气是一群人共同追求的目标，持久地、首尾一贯地协力工作的群体能力。高昂的士气是高水平工作的一个先决条件，没有了它，共同奋斗的现象就不会出现。

四是合理建构现代人力资源。领导不是数量规划，而是素质规划。每个人都希望有个能让自己充分施展才华的舞台，都希望能够找到适合自己的位置。领导必须建立一个合理的结构，让每一个成员都能恰如其分地在自己的岗位上发挥自己的作用，让每个人都有所贡献。

五是及时发现和处理纠纷。作为领导，首先要考虑的是何时介入这场纷争，当感觉问题会给公司造成负面影响时，就需要及时介入。

三、一劳永逸是妄想，必须持续学习

中国的传统文化一直提倡因人而异、因事而异、因地而异的哲学思想，简言之：恒久不变的只有“变”——任何管理措施都不可能达到“一劳永逸”的成效。人和事都是在不断变化的，相应地，管理措施也要不断调整。只要本质目的是清楚的，推陈出新的只是

“手段”，“道”明白了，变化的就只是“术”。

案例33

商业的本质是不变的人性

新零售也好，无界零售也罢，不论概念如何变化，对于消费者来说有价值才是最终的衡量标准。正如新零售的概念：以消费者体验为中心的数据驱动的泛零售形态。这个描述很现代，但是如果你的购买体验不好，客户还是不买你的账。

从渠道中心到产品中心，再从营销中心到消费者中心，实际上商业逻辑从始至终从未变过，变的只不过是不同阶段的侧重点。商业的逻辑永远是用最低的成本、最高的效率把最合适的产品卖给对的人。

现如今随着消费的不断升级，消费者关注的不再仅仅是商品、功能、价格，还有在情感、认知、价值观等方面的更高的追求。要想满足新形势下消费者的新需求，就需要对消费者心理深刻理解。所谓商业，说白了就是一件和人打交道的事情。知道你的顾客到底在想什么很重要，而把握客户需求，说到底就是要满足人性。

一、安全感

正如马斯洛需求层次理论所谈到的，安全感是消费者最基本的心理需求，尤其是在这样一个信息无穷无尽、商品无穷无尽的时代，繁复的选择带给消费者的不是愉悦的享受、轻松的消费，而是巨大的焦虑感。消费者不知道哪个商家是值得信任的，不知道什么商品是值得购买的，让消费者放心购买就成了商家的重要义务。从日渐完善的支付体系到7天无理由退换货，从官方旗舰店到店铺信用系统，从用户评价到店主网红背书，都成为促成交易的重要环节。

随着标准化店铺安全体系日渐完善，消费者不再能从简单的用户评价、店铺等级、退换货规则、支付体系等得到安全感后，信任将成为商家打造安全感的重要法宝。不论是通过直播、视频直接与消费者沟通，还是店主网红下场做人格背书，都是在满足客户的安全感诉求。

二、“懒惰”

有一句笑话说得好，人类所有的进步都来自人类的“懒惰”，正如手动牙刷变成了电动牙刷，正如无人货架走进了办公室茶水间，正如精准推荐在慢慢替代商品搜索。随着城市化进程加速，专业化分工走向细化，人们的时间变得越来越碎片化，越来越珍贵。消费者既没有精力也没有意愿在消费上花费过多的时间。商家必须记住，迁就用户的懒，才是商家赢得残酷竞争的机会。

所以“双11”前商家会花费大量时间鼓励消费者把想买的商品加入购物车，让消费者不必在“双11”当天花费大量时间也找不到想买的东西，订单下晚了还可能失去优惠购买的机会；所以比价网站、垂直电商、网红电商选择很少却在淘宝天猫的阴影下活得很滋润，他们用专业的精准推荐为消费者节省了选择时间，让人们能更轻松地买到自己想要的产品。

三、满足感

贪婪是人性，让消费者“认为自己占了便宜”是重要的商业手段。正如优惠券、无门槛红包套餐这样的促销手段，正如9.9元、99.9元这样的心理小游戏，包邮、返利、秒杀这样的商家让利，还有会员积分、抽奖、推荐朋友等类似的粉丝互动，其核心就在于在保证商家利益的前提下让消费者得利，满足消费者占便宜的心理，实现双赢。

但让利只是最初级的手段，相对于贪婪，真正重要的实际是“人无我有”。事实上，商家发了多少红包，给用户让了多少利，对于消费者来说，并不是真正具备吸引力的措施。为什么呢，因为一方面消费者的欲望是无限的，不论多少红包消费者都不会满足；另一方面红包发多了，并不会给到消费者多少满足感。这个时候，独一无二的会员特权，能在朋友圈晒一晒的精美商品反倒更容易吸引消费者的眼球。

四、尊重的需要

商业营销，很多时候就是跟消费者玩的一场心理游戏。若你把消费者的某一种心理需求满足到了极致，你就成了赢家。就像星巴克，为什么那么多的都市白领以在朋友圈晒一杯星巴克为荣？因为星巴克多年来通过考究的装修风格、专业的店内服务、与竞争对手拉开差距的客单价、精致小资的品牌形象、始终如一的产品品质给消费者一种强烈的心理暗示：在星巴克喝一杯咖啡是一件很有格调的事情。“即使竞争对手价格比我更便宜，咖啡味道比我更好，装修比我更奢华，我仍然是消费者眼中的白月光。”心理优越有时候比红包管用得多，尤其是在大家手里的钱越来越多，对心理需求越来越看重的当下。

为了满足消费者的此类需求，鼓励消费者晒单，建立具有一定门槛的会员体系，设立各种排行榜也就成了题中应有之义。

五、寂寞无聊

事情有时候就是这样：一方面用户时间越来越少，越来越珍贵；另一方面大量消费者不知道该如何打发时间，所以网络小说火了，直播火了，电影票房一年更比一年高，各种社交工具像韭菜一样一茬茬地冒出来。

消费很多时候也成了消费者打发时间的一种手段。为什么众多商业巨头纷纷转向线下，除了老生常谈的线上流量成本走高，另一个更重要的原因是线下有更丰富的施展空间为消费者提供打发时间的去处。线上购物，即使废了九牛二虎之力，加上直播，加上社交，顶多也就是几个小时，但在线下，消费者付出的时间是以天来计数的。Shoppingmall、游乐园、综合商业体……解决消费者寂寞无聊的需求，是未来商家的巨大机会。

六、美

美的东西总是令人心旷神怡。美女、帅哥、萌娃、萌宠……只要是美的东西，总能引发人们的追捧热爱。在商业营销中，美的东西也许很难有爆款，但总是润物细无声。然而每个人对美的定义又是不一样的，针对不同人群对美的认知，设计并生产对应的商品成为相当部分创业者的机会。所以相比面向大众的大品牌，各种小而美的店铺反倒过得更滋润。

七、刺激从众

随着商品同质化和社会整体消费水平的提高，斤斤计较的购物者将越来越少，更多人的消费模式转向情感性消费、冲动性消费。看着顺眼，那就买了。商家不需要完全说服消费者，只要使消费者在做选择的那几秒钟内选择自己就够了。

所以秒杀、抢购、抽奖、拍卖这样刺激的玩法开始流行，明星代言、网红卖货成为常用的消费手段。商家必须明白，在未来的营销逻辑中，逻辑严密的说服是比不过情绪高潮下的一时冲动的。

八、叛逆

不同于集体主义熏陶下的上一代，随着互联网一代的成长，个性、叛逆成为新时代消费者的重要标签。自我的独特表达是他们的重要消费目的。

所以很多让人摸不着头脑的独特产品爆红，消费者对私人订制的需求越来越大。正如可口可乐这样的大品牌，在打造品牌形象的时候逐渐从大明星转变到小网红，小的、活跃的、独特的意见领袖将成为驱动消费的新发动机。

九、怀旧

一代人有一代人的记忆，怀旧是永恒不变的需求。天猫回忆超市这样一个策划活动勾起了一代“80后”的童年回忆，在城市的某个角落里，在淘宝的某个店铺中，主打怀旧的小店永远不缺用户。

怀旧不会成为爆款，但却可以成为吸引消费者的一个重要元素。甚至像巴黎时装周这样的时尚前沿都会时不时地走把怀旧风。

十、愤怒

现在是个透明的时代，正面对待客户的投诉差评，与客户进行顺畅的沟通成为最具性价比的处理方式。用户的不满需要发泄渠道。老一套的掩盖、逃避已经不是最优的解决方案。直面客户，坦然地面对自己的错误并快速更正才是王道。在社交网络时代，你的错误会放大，你的真诚同样会放大。很多时候，企业并不需要摸透消费者的所思所想，只要明白消费者的一种心理需求，对症下药就可以了。

有的管理者对于解决问题经常抱有幻想，希望能找到长期有效的解决办法。事实上这种想法很难实现。前文提到的责令相关管理干部把事故案例汇集进入员工手册，已经可以算是相对长久有效的解决办法了。

无论管理者在组织中的层级有多高，在重要的事情上都必须集中注意力。换句话说就是，越重要的事情管理者越应该亲自过问，即使是非常具体的事情。

管理者需要思考的是如何提升组织的效率和效能，以及怎样帮助成员学习和发展，笔者认为这才是管理者务正业的表现。若业务主管每天思考的问题是如何取得上司的欢心和谋取上位的机会，那就只有两个原因：第一是其自身品行不端、私利为先；第二就是管理层风气不正。在一个组织当中，团队领导人存在的真正价值不在于其做出了多少工作成果，而在于他有没有促进成员的成长。

第二节 | 只有在战火中才能产生真正的战士

一、复盘，在飞行中更换引擎

如何帮助员工有效地学习和发展，是摆在管理者面前最重要也是最核心的问题。在这里我们提出一个有利于我们达成这个目标的工具——复盘。

作为围棋领域的术语，复盘指的是在下完一盘棋之后，要重新摆一遍，看看哪里下得好，哪里下得不好，对下得好和不好的，都要进行分析和推演。联想集团的柳传志，在其企业管理中就引入了复盘的机制：做一件事情，无论失败还是成功，都要重新演练一遍。大到战略，小到具体问题，原来目标是什么，当时怎么做的，边界条件是什么，回过头来看，做得正确不正确，边界条件是否有变化，都要再重新演练一遍。现在“复盘”成为联想三大方法论之一，在联想每一个重大决策的背后，都有复盘的身影。

笔者也研究了复盘的内容、价值和操作步骤，其实就是我们平常所说的“事后回顾”“反思”，运用该方法把事情琢磨透。

回过头来审视当前的企业管理者，他们在面对团队成员的学习和成长问题上，普遍存在的问题是急于求成。

案例34

这是一段笔者和学员的对话，以下称学员为“生”，笔者自称为“师”。

生：孙老师，我们的员工整体能力还需要提升，所以我们想要加大培训的力度。

师：这是好事情。

生：那能否请您给我们推荐一些好的书籍和培训课程，如果能再给我们推荐几位像您这样能帮助我们解决实际问题的专家就更好了。

师：你这么做的理由是什么？

生：不瞒您说，我们以前出去培训过很多次，公司内部的培训也没少做，但都没什么效果，您给我做的这个培训项目是我们所有项目中评价最高的，所以公司也希望能够保持住这个势头。

师：你可以说说聘请外部专家的目的是什么吗？

生：高水平的专家还是不一样，您给我们上课时把我们公司的实际问题拿出来，让我们讨论甚至是争论，最后您再给我们点评，大家都觉得特别实用，也特别过瘾。您帮我们解决了许多问题。

师：这么说你是希望外部专家通过培训来帮助你们解决问题？

生：这是一个重要的目的，当然不是全部……

师：你的最根本的目的是什么？

生：当然是通过培训提高员工自我解决问题的能力，做到自我的更新。

师：这个目标能够通过培训实现吗？或者说能否通过外部专家来做到？

生：孙老师您的意思我明白，应该是我们的管理干部带领员工成长……但是您也知道我们公司的实际情况，24小时三班倒，出现任何问题我们这些负责人必须冲到第一线，员工很辛苦，但是其实最辛苦的是部门负责人，我们全天候手机不关机，随时待命，包括节假日，每天工作都很忙，哪有时间呀？！

复盘其实是组织经验沉淀和学习的一个非常有效的方法，但是就组织学习和员工发展而言，还需要拓展外部的学习资源。也就是说，需要邀请外部专家或者采购专业课程，但是须明确学习目的。

绝大部分情况下，外部专家还是在分享一些他们的经验，虽然很精彩，但其方法未必能直接拿来用。

再有，花几天时间让大家参加培训就能提高员工的工作水平吗？如果要追求实际效果，仅仅开展培训是不够的。更不必说很多企业把员工召集起来强制培训，虽说初衷是好的，但是这样的做法也违背了教育的基本原则：一是没有把员工当成学习的主体，没有征求他们关于学习内容和目标的意见；二是没有把员工的实践能力作为重点来看待，各种名目的课程与工作的相关性不大，课程变成负担也就难以产生实质性效果。笔者曾经的一个企业客户，把公司里的中高管都送到国内某知名院校去读MBA，几年下来花了几百万元，但员工却认为课程与工作相关性不大，个人感觉没有明显的提升。所以，这种高成本的学习方式有时并不能达到理想的效果，如果是为了完成任务而搞培训，我们能理解，因为需要交差。可是要想促进员工成长，就不必这么兴师动众了，因为这样不仅浪费资源徒增成本还不实用。

一个人得以成长必然是吸取了经验，无论是成功的经验还是失败的经验都可以助其成长，而获取经验的手段就是反思与复盘。管理者帮助员工成长也要遵循这个规律。企业毕竟不是学校，无须把有限的时间都花在教室里的学习和讨论上，复盘是一种日常的工作方法，同时也是经过检验的最有效的方法。

案例35

复盘的缘起与实践

现代战争复杂多变，为了赢，在和平时期，我们必须加强训练，让战士们可以在战时成功地完成其使命。我们必须利用每一次训练机会，提升战士、军官和作战单位的绩效。通过AAR，可以给战士和作战单位提供训练与实战任务时的表现反馈，识别如何纠正偏差、增强战力，以便更好地完成任务……

——《AAR领导者指南》序言（美军司令部出版）

AAR在美军中的应用最早可追溯到20世纪70年代。当时，受越战失败的打击，美军的士气与战斗力都陷入低谷。当时，军方高层一致认识到需要做出改变，而这些改变要从对训练表现做出坦诚公正的评价开始。只有实事求是，才能调整训练方法，提升战斗力，推动组织学习。于是他们开始推动行动后反思（AAR），虽然最初的目的在于促进训练效果的提升，但是通过持续不断地进行AAR，不仅提高了组织整体的执行力，同时AAR也成为领导力的核心工具。依靠AAR以及经验学习中心（Center for Army Lessons Learned，CALL）的建立，美军大大提高了他们的组织学习能力。

每次军事单位执行具体任务时，因为所处环境的复杂多变必然会遇到各种困难，他们对所有的任务进行回顾，并开发出了一套标准的操作程序。正如一位参加者所回忆的："我们对每一件事都进行AAR。"班组几乎每天都要以口头或者其他非正式的形式进行AAR，大部队在每次关键任务之后也要进行AAR，并用正式的报告提交结果。队中领导每周也会进行AAR，并将他们的发现提交给指挥官，供指挥官进行进一步的提炼和回顾。迅速的反馈推动了行动的执行，并明显提高了军队的学习速度。

有一次，负责把村民和士兵运送到海滩地区执行任务的一个小分队，在完成任务后，比预定时间晚了好几个小时才返回营地。对于该事件，小组成员向上级汇报了事件发生的经过，原来是运输士兵的卡车轮胎陷到了沙滩上，虽然及时处理得以脱困，但仍无法按预定时间返回部队。随后，相关人员进行了简短的AAR，针对整个任务执行过程做了翔实、公开、公正的检讨，其中没有任何责备情绪，只有开放的讨论。最后，他们找出了事件发生的关键点："车辆进入沙滩区，没有捆扎防滑链。"之后，他们将从此事件AAR中获得的经验教训上报，该经验被列入以后执行该类任务的标准作业程序。

下面我们把这个AAR的详情回顾一下：

1.回顾目标

小分队所有成员再次讨论和回顾了本次行动目标：周三早上6点出发执行任务，周五下午6点前完成运送村民和士兵的任务并返回营地。

2.评估结果

主持人引导小分队针对整个任务执行过程做了开放、翔实、公开、公正的检讨和回顾，其间没有任何责备和抱怨。小分队按照事件发生的时间顺序，描述和讨论本次行动过程中所发生的关键事件：

关键事件1：周三下午5点，小分队遇到当地武装叛乱分子。由于美军经验学习中心已从之前复盘（AAR）中得知当地人对军警所用的德国牧羊犬非常恐惧，并以"工作指引"的形式告知了各单位，所以小分队在遇到武装分子的时候，就知道要把牧羊犬放在队伍最前面，迫使对方很快放下了武器。

关键事件2：周三晚上12点，两名产妇突然身体不适，开始呕吐和发烧。由于小分队出发之前就考虑到产妇群体的特殊性，特别配备了1名接受过专业妇产科医学训练的医务人员，所以产妇的病情很快得到了控制。

关键事件3：周四上午8点，小分队进入沙滩区，由于车辆没有捆扎防滑链，全部陷在了沙滩上。虽然小分队努力处理得以脱困，但是还是耽误了时间。

3.分析原因

小分队回顾任务过程，总结了这次行动中事情成败的关键原因。成功原因：小分队做了充分的准备，考虑到了特殊情况（武装袭击、产妇身体状况）。失败原因：小分队在复盘时，产生了两种导致未达成目标的原因：①武装叛乱分子的阻碍，耽误了时间；②车辆进入沙滩区时，事先没有捆扎防滑链，所以陷进了沙滩，脱困耗时不少，最终耽误了整体的行动进程。但因武装叛乱属于客观因素，且已经有了“工作指引”，所以它不构成失败的关键。最后，小分队得出结论，导致失败的根本原因是车辆没有捆扎防滑链。

4.总结经验

小分队将从此事件AAR中获得的经验教训（车辆进入沙滩区，一定要捆扎防滑链）上报，这项经验也被列入以后执行该类任务的标准作业程序。

在工作中运用复盘，要简单明了，不能把它搞成一个深奥的技术，日常工作中的复盘主要分成3种类型：

第一种是提问。复盘的出发点在哪里？就在于工作实践中的困惑，妨碍他们专业发展的也主要是那些困惑。正因为困惑得不到解答，才让员工在专业发展的某一阶段停步不前。那如何才能解除这些困惑？方法就是通过一系列供员工自我观察、自我监控、自我评价的问题，让这些困惑在员工面前变得清晰。管理者要好好思考，多想一些帮助员工思考的问题，比如让员工复盘过去某个阶段的工作、复盘某个项目、复盘某个工作决策，总之，要为员工提供能够解决他们困惑的思考题。此处我们列出几个问题，有助于管理者在带领员工进行复盘时思考：

- 在事件的过程中发生了什么？我观察到了什么？
- 我当时的感受怎样？这会给其他相关人员带来什么样的影响？
- 产生这种感受的后果是什么？
- 我的看法是什么？如果我是当事人我会怎么做？
- 还有没有更好的实现目标的方法？

第二种是写作。写作是总结工作实践经验和提高工作能力的过程，管理者需要指导员工写，把他们的观点用文字表达出来。在这方面的重点应该是指导他们运用相关理论对实践进行批判性总结，这种反思活动就如同照镜子——把发生的过程与一个更优的标准进行对比。那么，谁来提供这面镜子呢？当然是知识和经验都占优势的上级管理者了。

再有，文字和语言的力量是不一样的，有些话说出来的分量比用文字表达出来的要逊色很多。笔者曾经在国内某知名化工企业开展一项活动，就是让管理干部用自身的语言和行动激发员工对企业的“爱”，刚一开始所有人都难以进入状态，但是随着一篇篇自己撰写的文稿被同学们激情演绎出来，员工们开始为每一句深情的歌颂鼓掌、为每一次曾经的困苦动容。到最后以至于那些资格老、难调动的管理者也开始争先恐后地上台演讲，所有人都被这样热烈的情绪所感染。这正是因为他们的语言是经过思考和组织的，加上演讲前的练习，演讲效果自然大大超过了即兴的语言表达。

第三种是交流。复盘可以是单个主体的内省反思，个体反思有利于将问题引向深入的层面。而同事之间合作进行的协作性复盘，则可以使员工个体在与团体内其他成员充分交流、相互诘问的基础上，反思自己的意识与行为，从团体中获得自我发展的宝贵资源，从而达到个体相互促进、团体共同发展的理想效果。

这里所说的3种复盘，最重要的一点都是要先提出问题，因为没有困惑和问题就不会有复盘目标。员工要进行反思，首先就要明确具体的工作情境中存在的问题，了解问题是何事，以及如何通过分析和集体的讨论，准确地把握问题的本质。这时候，管理者要引导员工从无问题处发现问题。在明确问题之后，作为员工智力支持的提供者（可以是外聘专家），可以从专业、心理、社会等角度来描述和分析问题的总体特征。当然，明确问题并非复盘的目的，复盘的根本目的还是解决问题。

管理者的工作就是要让员工重新审视自己的工作方法，帮助他们吸取新的信息，明确解决问题所要达到的目的。然后对各种实现目的的手段进行评估，并寻找解决问题的新思路和新策略，在这些基础上提出假设，制订新的实施方案，解决所面临的问题。这时领导者就要着力于指导他们评估各种解决方案，通过综合比较各种解决方案，考虑其可能发生的后果，从中择优选择进而实施。

复盘不是研究，而是一种行动，其成果就在于帮助员工加深对工作的理解，使他们真正明白自己在做什么工作，应该怎么工作，干到什么程度才是有效的。我们经常说员工的成长，但是到底什么是员工的成长？

著名的领导力大师波斯纳提出了员工成长的公式：成长=经验+反思。

这个公式表明，一个人的成长取决于他的实践经验，并对所获得的经验进行深入的思考。所以，复盘是非常必要的，因为这样的方式对员工改进自己的工作有独特作用，也是获得能力发展的必要条件。

笔者认为，加深了对工作的理解就是成长。约翰·杜威在《我们如何思维》一书中指出，思维的最好方式是反思性思维。它是指“对某个问题进行反复的、严肃的、持续不断的深思”。就是这样的思维活动，使员工对自己所做的行为、决策以及由此所产生的结果进行审视和分析，从而提高了自我觉察水平。舍恩对反思进行了深入的研究之后说：“专业实践者常常会思考他们所做的事情，有时甚至就在做的过程中进行思考。当一些事物令他们感到惊奇时，他们会对行动本身和隐含在行动中的知识进行反思。他们会尝试处理一些令人迷惑的、困扰的或者有趣的现象。当他们努力去理解这一现象时，也会反思隐含在自己行动中的理解，对其进行批判和重新建构，并体现在进一步的行动中。”所以，复盘就是反思，这比培训更能帮助员工进步。当一个人总是在进行有意识的思考、自我监控和自我评价时，还能不进步吗？

明白这些道理之后，管理者的工作重点也就应该清晰了，即管理者应该将注意力放在促进员工进行复盘的方法上。现在被广泛使用的反思方法主要有深度访谈、反思日记、反思性小品文、阅读笔记等。不过有些方法还存在问题，有待完善，比如行动学习、案例教学、案例研究等，这些方法虽然能有效促进员工反思，但它们更多的只是促进员工的技术性反思，更多关注的是员工工作方法与技能的提高，而没有深入员工行为背后的精神世界。

所有成熟的管理者都需要明确一点：员工专业发展不仅仅是工作技能的进步和知识的扩充，更重要的是观念的变革，特别是员工自己的工作理念以及员工自己对行为意义的理解的变革，而这些基本上都属于更深层面的自我挖掘。

从工作出发，如果让企业的员工反思停留在自身工作行为或者专业知识和技术上，那只能是一种浅层次的复盘，并不能从根本上推动员工的专业发展。帮助员工不断对自己行为背后的信念和行为意义进行深刻的复盘，才能使员工真正清楚在什么样的情况下自己的工作行为才是有效的，怎样才能更好地扮演好员工的角色，进而帮助员工对自己的职业角色产生新的认知，对自己从事的工作形成新的理解，树立崭新的信念，重构自己的专业实践知识。

管理者的艰巨性在于，员工并不乐意持之以恒地进行复盘，因为许多员工都没有足够的意志力，所以管理工作从来不仅限于技术。乐于复盘的积极态度起到很重要的作用，这不是一个部门可以解决的，而是与整个公司的氛围有关，除了公司的高层领导提出建议并身体力行外，其他方式基本上都是无能为力的。至于培训的开展还是非常有必要的，这甚至是某些人的本职工作。但不要寄予其太大的希望，因为员工们不会从中获得太大的收益。有效培训必须信守“基于问题、能力本位、经验反思”原则。

二、组织发展的内在动力是学习

企业中与文化相关的非业务部门往往被赋予变革与发展的责任，甚至有的企业专门成立了针对企业文化教育与发展的研究部门。但真实的情况是，在企业内搞文化教研的人大多不被企业重视，甚至连他自己都不重视。有一些知名企业的教育和学习部门的负责人热衷于出书和参加各种行业论坛，明眼人一看即知，这些行为对组织的学习与发展意义不大，不过是借助企业的平台谋私利罢了。

大多数情况下，在企业内部开展教学研究活动很难成功，首先是从业人员的专业能力和态度不达标，再就是企业领导者的重视程度不够。企业内部搞教育研究的定位不应该是科研本身，而应该是员工的成长（这一点只有华为大学明确了其实用主义属性），即以专业成长为导向而不是以研究成果为导向，国内部分高校以研究成果为导向的评价机制在某种程度上恰恰成为导致学术造假的潜在诱因。

那么应该从哪里做起呢？首先，企业的学习发展部门不能总是想着举办培训会、聘请专家、申请经费之类的工作。学习与发展部门最重要的工作应该是为公司的管理引入新思想，要让企业有规有矩，而学习发展是要企业拥有一颗奔腾的心。学习与发展的主导部门应该成为企业的先锋和发动机，该部门应该是由一位雄心勃勃的领导带领组织内的管理者跳出旧模式，并把自己的部门建设得与众不同。在工作中，还需要大胆抛弃循规蹈矩、按部就班的作风。企业需要新鲜的空气，而学习与发展部门的使命就是为企业创造出无限可能。

案例36

华为大学的定位

任正非曾经为华为大学定位——华为大学要办得不像大学。华为大学不是一个正规院校，正规院校是培养大学生、硕士和博士的院校，而华为大学是对已经受过正规教育的人进行培训，其与职能有关，与基础无关。

华为大学要为主航道业务培育和输送人才，其特色是训战结合，最终就是要作战胜利。简单讲，企业大学本质姓企业，不是姓大学。所以企业大学绝不是选选课程、搞搞培训，而是要做正确的事，然后正确地做事。

如果你对从战略到人才规划、从上岗考核到继任监督整个系统的各个环节都没有打通的话，那么建一个企业大学也不会产生什么价值。

人才的培养和发展，应该由谁来负责？企业大学，还是人力资源部？在华为，人才发展是业务部门的责任，包括业务的一把手、二把手和各级主管。

那要企业大学做什么呢？它是一个整合平台、服务平台和专业平台。在《华为基本法》中定义了业务主管是人才培养的第一责任人。具体到实施层面，华为有相应的激励机制。下属人员才干的发挥，对优秀人才的使用，是决定管理者升迁和人事待遇调整的重要因素。另外，选拔、培训、激励员工则由业务主管负责。

华为大学具体做些什么呢？他们负责基于业务培训发展的需求识别，负责培训发展项目的立项、项目组的成立，负责培训内容的设计（业务领导参与）、培训交付的实施，负责培训发展与HR全流程的对接。这其中的重点是负责好培训项目的管理，如新员工培训、总经理培训、高管研讨班、战略后备队培训、重装旅培训等。为什么、要不要、培养什么内容、用什么方式、谁培养，全是企业大学决定的。它的逻辑是业务部门根据战略需要，通过差距分析，导出人才需求，告知企业大学。华为的培训发展活动，不是买课上课，不是教授主导，也不是MBA、EMBA课程。而是基于岗位责任和角色所需要的能力差距，通过训战结合的赋能过程和实战项目来培养员工。还有一个最佳的学习渠道就是通过管理咨询来开展人才发展，比如有名的IPD变革，华为投入几百亿元引入IBM专家来做咨询，同时也是华为人最佳的学习机会。

三、可持续发展的本质是变革管控

发展其实是一个解决问题的过程，如果不能发现问题、分析问题和创造性地解决问题，那就不会有什么发展。笔者对企业中的不同问题有一个大致的分类：

一是发生型问题。所谓发生型问题就是那些具体、可感觉到的问题，比如生产效率和产品质量低下、作业秩序混乱，这些都是我们一看到就会发现的问题。

二是设定型问题。这类问题本来不是个问题，照原有的标准来看，大家都习以为常了。可是一旦换个标准或提高标准来看的话，那就是问题了。例如生产管理，传统的管理模式是大多数人都认可的，并且一直被沿用。但视角发生改变后就不一样了，当下的员工观、知识观、发展观一旦发生变化，就会发现原来的管理模式并不适应当下的发展，不改也就不行了。

三是未来型问题。这类问题不是现在的，而是将来才可能发生并对员工和企业产生影响的，可到那时才造成负面影响的问题隐患其实是今天埋下的。比如说企业决定强制推行绩效考核制度，让员工明确自己在日常工作中的关键考核指标，这种方法本无可厚非，实施起来也很有效果，但企业若用行政命令强制推行该办法就会带来很大的负面影响。员工的工作积极性和创造力将会受到抑制，甚至可能会压制员工的创新念头，降低其工作能力。改革本身就应该是生机勃勃、生动活泼的，如果结果搞得灰头土脸，士气低落，那还谈什么可持续发展？

学习和发展本身就应该重视设定型问题和未来型问题，让企业更多的员工越来越因此而迸发出他们的智慧潜能，让他们以崭新的精神风貌和进取心来对待枯燥的工作。学习需要变化，企业要不断地采取一些措施让员工为企业贡献新思想、新方法和新技术，同时也要让员工乐于接受新思想、新方法和新技术。让企业接受新思想是第一个阶段的工作重点，要做到这一条其实不容易。企业要征服那些顽固守旧、害怕创新，习惯躲在“安全区”内不愿意越雷池一步的员工，找到他们的弱点，然后“对症下药”，让他们随同大家一起去尝试新鲜的环境和事物。

笔者根据经验把推行新思想、新方法或新技术的变革策略列举出来，以供读者参考：

既然大家都不愿意改变，那就沿用旧例，但要在老办法的基础上发展新模式。企业不必兴师动众彻头彻尾地改动，搞得动静太大，反而会增加员工的恐慌，反对派的阵容也会因此扩大，主导者将可能成为众矢之的。相反，企业只需要悄悄地将旧模式中几个关键性的地方和一些存在严重问题的、格外影响工作有效性的地方稍作改动就可以了。这种策略比较温和，而且是渐进式的，所以容易被大家接受。

经过细致的研究，中层管理者向企业领导提交报告，然后由高层领导决定后强制执行。借助高层的力量始终不失为一个有效的好办法，促进员工成长是高层的职责。

从群众中来到群众中去，广泛地听取大家的意见，借员工们的意见和建议来办成你要办的事。但同时管理者要认清一点：员工不傻，人们之所以反对变革，一方面是出于本能上对改革的恐慌，另一方面也说明传统的方式和做法有其合理的一面。所以在发动改革时管理者要充分尊重大家的选择，他们毕竟在一线工作多年，是对业务工作最有发言权的人。无论他们的意见在你的眼中是多么的普通，都别错过这个机会，花上一点儿时间，请大家对这个建议的来源做一个完整的解释，或许就会有意想不到的发现。

领导者应该学会让员工自己在工作中发现问题，并自己提出解决问题的方案。领导者不必替他们解决问题，只需要关注解决问题的过程就可以，并将听到、读到、看到的创新举动记录下来，然后进行评述和褒奖。

四、高效地做事

案例37

提高效率的困惑

学员：孙老师，我觉得自己工作效率不高，每天都很忙，但是没什么成果。

笔者：你认为为什么会这样，是什么导致自己忙而无果？

学员：我也说不好，反正每天事情都特别多，感觉特别累。一到公司就忙，到下班也经常做不完……

笔者：那你每天忙的都是什么事情？

学员：就是工作上的一些琐事，其实也没什么大不了的。

笔者：你是部门的负责人，你的下属也都跟你一样忙吗？

学员：他们也忙，但您也知道，员工和做管理的还是不同，他们是能少干点就少干点……

笔者：先不说你自己，我们先看你的部门，你认为提高一个部门工作效率的关键是什么？

学员：嗯……这个……我想关键是人的问题，如果每一个人都能心往一处想，劲往一处使……所以关键应该是人心要统一。就像企业文化中所说的那样，讲团结，这应该是最重要的。毕竟“人心齐，泰山移”嘛！

笔者：那你在解决“人”的问题上，采取了什么行动？投入了多少时间和精力？

……

当人们面对问题的时候，很难站在局外人的角度进行分析，多数都在“自以为正确”的方向上不懈努力，这就是所谓的“当局者迷”。企业管理者普遍认为，团结是一个部门有效工作的前提，这样的意识会导致绝对化，其实更重要的是要看这个团结是建立在什么基础上的。因为有些基础是脆弱的，比如说人情关系，当我们把团结建立在人情上，通过感情沟通和相互谅解达成共识，虽然很和谐，但也是难以长久地和谐。相较之下，“合作”比“团结”更能准确地描述部门内部的关系。因为团结主要是指人心齐，大家劲往一处使；而合作是指人们目标一致，却各自有所分工。两个词的主要区别在于后者更强调分工，将分工视为合作的前提。比如说打篮球，球队内的篮球运动员当然要讲团结，大家只有心齐了才能做到劲往一处使。可是真正要获胜，还得各有分工，每个人在球场上完成自己的工作，前锋和后卫，工作任务不同，所需的能力要求也不同，球队少了任何一个“岗位”都不行，所以要合作。另一项团体运动是拔河，一支拔河队伍要取得胜利靠什么？可能更多的是靠团结吧，因为这项运动并不复杂，主要靠的是体力，所以基本不需要分工，合作的效应就不明显。

关于部门内部分工的问题。很多管理者满足于“有事都是大家一起做”的状态。实际上，这种状态未必能提高部门的工作效能，不应该有事大家一起做，而应该各做各的，每个人都把自己手中的工作做到最好。

每个部门或团队都需要有明确的分工，部门的管理者可以把工作分为过程性事务和建设性事务。前者更关注于质量而后者更具开创性。如此分工能够提升工作专业度，同时也有利于管理。如果把管理方式按照阴阳两类划分的话，过程性工作是属阳的，而建设性工作是属阴的。属阳的工作需要管理者指挥、评价、奖惩，刚性的动作多一些；而属阴的工作则需要管理者指导、服务和协调。阳和阴两种管理方式不能相反，阳的管理方式可以保证质量，而阴的管理方式则有益于创新。

图7–2 《易经》强调“平衡”

格力空调的董事长董明珠说过这样的一番话，正好可以作为我们的佐证：“很多人说我作为董事长，不应该管小事情。我反而认为，一个企业家，应该管小事。所谓大事，应该给副总们管。一个企业，如果连小事都杜绝，那更不可能出大事。当企业不得不改变大事的时候，那也许这个企业也就快要完了。”这段话说明了对于现阶段的格力公司来讲，建设性工作的价值要低于过程性工作。

以人力资源部门中的培训模块为例，该部门应该很好地体现专业性，而不是简单地举办培训活动和进行考勤记录。按照笔者的工作“四分法”，我们把培训团队的工作划分为以下4个内容：

1.规范性工作

规范性工作一般是指制订工作计划、建立制度与流程之类的工作。

我们以培训经理的工作为例。安排企业培训课程表、建立学习档案、教学管理和教学组织流程等，属于规范性工作。这些工作一般都应该由负责事务性工作的专员来做，部门领导不必亲自参与。规范性的工作中会有一些突击性任务，如果课程提前或延后，准备工作就需要进行临时调整，不过这些工作也不应该是主要工作。

2.常规性工作

常规性工作一般是指日常所做的主要工作内容。

我们以培训经理的工作为例。就是日常教学实施与检查，这类工作会占用比较多的时间和精力。可以把日常检查分两种：一是检查教学情况，看讲授者是否按照要求开展培训；二是检查教学成果，评估学员的学习反应与学习成果等。这类工作不必什么都去检查，一天到晚没完没了地检查、评比和考核，反而会让培训师感觉到自己的工作不受尊重，感觉到自己不被信任。还有人会为了应付检查，弄虚作假。这是因为人承受的外部压力越大，就越容易牺牲道德。

所以，我们可以只做有必要的检查，那什么才是必要的？对存在较大问题或较大隐患的环节进行检查，也就是说工作的过程监控应该是有重点的。这里需要明确的是检查要依靠基层主管和核心骨干，因为他们最了解情况。不要动不动就把领导都请来，搞得声势浩大，这样可能反倒什么也查不出来。

3.建设性工作

工作既定流程的改进属于建设性工作，它需要人的创造力。

我们以培训经理的工作为例。培训部门应该把每一项工作都流程化和程序化，在一定程度上保持工作的质量，同时还需要不断改善流程，使之更容易被掌握，更符合当前的情况。如果说过程性工作决定现在的工作质量，那么建设性工作就决定未来的工作质量。很多组织中存在的问题就是把建设性的工作放在一边，每天忙于应付事务性工作和过程性工作。

4.发展性工作

我们以培训经理的工作为例。密切关乎员工发展的工作，就是培训部门最重要的工作，要让培训部门的员工能够不断进步，不断提升专业度。如制订适合员工个人发展规划的进修计划，提供帮助员工提升专业技能的学习机会等。

从管理水平来看，最糟糕的是做事务性工作的管理者，他们需要不停地制订计划和规范，但是却不执行，然后再重新制订新的制度，或者一直纠结制度不完善，或者处于不知道该到哪里去找寻完美制度的困惑中。

另外，相对好一些的做过程性工作的管理者，每天关注细节，喜欢亲力亲为，享受指挥和问责下属，看上去是追求完美，实际上是对人的不信任。

有些做建设性工作的管理者把注意力放在工作的改进和效率提升上。当正常开展既定的工作时，管理者就会致力于提升效率。

关注员工的专业发展且做发展性工作的管理者真正能够帮助员工成长。当一个员工认为自己在不断进步的时候，他的工作热情和投入的程度就会大大提升。

The Leadership Challenge of Lion's Share

第八章 团队建设的两条主线

一把手的内心障碍有两个：一个是清楚地表达自己的意志；另一个就是让组织贯彻他的意志。前者涉及政治和权力问题，后者则是团队效能及其成员的忠实问题。于是，一把手必须要有政治头脑，能全面深刻地理解现实，并发展自己的领导风格，进而把团队打造成一个高效的系统。

第八章　团队建设的两条主线

一、为团队树起理想的旗帜		
1. 愿景、使命价值观	社会意志	使命：公司为什么而存在
	组织意志	愿景：践行使命后清晰可描述的画面
	坚定的信念	价值观：做事的原则
2. 明确价值观的基础理论	终极价值观	得到心灵的自由与和谐
	工具价值观	人们在追求的表象，无法满足真正的需求
3. 共建团队愿景目标	价值观是一种智慧和感悟而非纪律	目标能激发无穷的力量
		内在的力量是可以被激活的
	愿景激发人们对未来的崇高的想象	赋予工作意义
	有吸引力	能吸引员工、顾客、管理者
	可达到	目标具体可以实现
	具有指向性	作为选择和决定的指导方针
	灵活性	有余地，可以调整和适应环境变化
	易传播	只要5分钟就可以阐明你的愿景
4. 凝聚人心	理论和专家都是工具	解决问题的是自己
	经典管理工具	Q12测评工具的使用
二、提升团队综合效能		
1. 专注力：一门心思把当下的事情做好	专注于当下	不能专注的原因是诱惑和欲望太多
		企业专注于一点，能把事情做透
	领导者获取支持的重点	增加团队安全感
		增加归属感
		增加自信心
		列举具体措施
2. 清晰度：明确的目标与期望	执行是直奔目标的	清晰的目标会让我们干劲倍增
		很多时候目标清晰并非真实情况
	清楚地表述目标	说出你真正想要的
		让人们知道实现的方法
		表达组织的意愿

3. 问责制：明确职责边界	激发自主权和责任感	上司的要求
		承办人的承诺
		个人的奖励和处罚
	设定目标	最高目标：最佳状况
		最低目标：达标底线
4. 影响力：你能理解、授权和激励的人数	影响力的3种情况	作出承诺
		服从指令
		产生抵制
	影响力的5个层级	等待被告知
		要求被告知
		提出建议并寻求肯定
		采取行动并需求肯定
		继续行动并定期汇报
5. 可持续能力：保持热情	精力管理	找出使我们感到疲劳以及使我们陷入矛盾的问题
		自觉地和有意识地思考我们处理问题的方式
		解决方案：角色理论
	角色理论	迫害者
		受害者
		拯救者
	四维度管理方法	团队行为风格适配性
		个体行为风格适配性

第一节 | 为团队树起理想的旗帜

一、愿景、使命和价值观

案例38

买一瓶柠檬水，拯救一只蜜蜂

美国德州首府奥斯汀的Mikaila Ulmer出生于2004年，是一名六年级的学生。当同龄的孩子们还在捧着课本读书时，她已经是一名社会企业家、慈善家和蜜蜂大使了。

她的创业起源于蜜蜂，5岁时Mikaila被蜜蜂蜇过两次，导致她对蜜蜂充满恐惧。然而，Mikaila的妈妈并没有告诫她远离蜜蜂，而是建议她研究一下蜜蜂，看看蜜蜂为什么会蜇人，为什么让她感到这么痛……于是，Mikaila学习了关于蜜蜂的基本知识，知道了它在自然生态系统中的重要作用。人类1/3的农作物是依靠蜜蜂授粉的，在美国，被蜜蜂授粉的农作物每年产生的经济价值超过150亿美元。然而，蜜蜂却面临着一个可怕的问题——从20世纪初开始，由于气候变化、环境污染等问题，蜜蜂正在全世界范围内急剧减少，甚至濒临灭绝！美国国家环保局还曾发表过关于蜂群衰竭失调的文章——“如果蜜蜂消失，人类只能再活4年。”Mikaila对蜜蜂的恐惧变成了担忧，她想拯救可爱的小蜜蜂。拯救蜜蜂，就是拯救我们人类自己！但是，要怎么做呢？她突然想到曾祖母做给她喝的柠檬水，它是曾祖母独创的，味道非常独特，好喝又很健康。如果能够以蜂蜜代替糖或者甜味剂做成柠檬水批量生产，就可以支持养蜂人，拯救蜜蜂。

2009年，Mikaila得到了父母的支持，买了一台榨汁机，开始了她的柠檬水生意。奥斯汀当地有两个儿童创业活动——阿克顿儿童交易会和奥斯汀柠檬水节，这两个活动给Mikaila提供了很好的商业机会。

在爸爸的帮助下，Mikaila自己动手做宣传展板、海报。以小蜜蜂的形象兜售柠檬水，向人们介绍蜜蜂在生态系统中的重要性，宣传自己的蜜蜂拯救计划。

从卖出第一杯柠檬水开始，Mikaila就承诺将捐出20%的利润给当地养蜂人协会，用以支持蜜蜂的保护工作。她的行为获得了网友们的一致好评，而秘制柠檬水也大受欢迎。

她利用周末、节假日或写完家庭作业之后的时间，到马路边、市场上售卖柠檬水，并坚持唤起人们的蜜蜂保护意识。

随着媒体、网络的推广和宣传，Mikaila的知名度越来越高。一提到蜂蜜柠檬水，你会想到两件事：第一，它的口感一级棒；第二，一个小女孩对于地球和生灵的诚挚的热爱。不久以后，一些企业、论坛开始邀请她分享创业精神和理念，还有如何平衡工作和学习之间的关系。2014年，美国最大的天然食品和有机食品零售商Whole Food向Mikaila发出了第一个订单。这就意味着她的柠檬水要由手工制作、街头零售进入机器生产、订单销售阶段。如今，柠檬水“Bee Sweet Lemonade”不仅在55个全食超市售卖，还扩展到了餐厅、流动食品车等渠道。当然，也能够在网上下单。尽管Mikaila和她的团队忙得像小蜜蜂一样，但依然满足不了越来越多的订单需求。

2015年3月，Mikaila和父亲参加了《*Shark Tank*》节目（美国

ABC电视台的真人秀节目），该节目是一个提供给发明创业者展示发明和获取主持嘉宾投资赞助的平台。整个节目让更多的人知道了Mikaila的蜂蜜柠檬水和她想要保护蜜蜂的梦想。最后，Mikaila成功赢得了美国FUBU服装公司CEO Daymond John 6万美元的投资资金。随后Daymond John还加入了Mikaila的团队，并持有25%的公司股份。Daymond谈到自己的这位小合伙人时说："她有一双充满好奇心的眼睛。"Mikaila拯救蜜蜂、保护生态系统的行动，也引起了政府的关注，得克萨斯州也为其颁发了环境保护奖。

2015年7月，Mikaila受邀参加白宫儿童国宴，当然，她也没有忘记和总统聊聊蜜蜂那点事儿。

"买一瓶柠檬水，拯救一只蜜蜂"的广告语，诠释了"Bee Sweet Lemonade"诞生的初衷。从小摊位到企业，"Bee Sweet Lemonade"的商业规模越来越大，但对于产品的品质要求依然严格，并且保证其原材料是在严格监管下的当地蜂蜜，蜜源地不得喷洒除草剂、杀虫剂等化学药物。另外，Mikaila还成立了保护、研究蜜蜂的工作室。

赫拉利在《人类简史》中提到，人类是自然界唯一能大规模协作的物种。

用稻盛和夫的话说，你为自己的利益做事，只能用自己的力量；你为家庭的利益做事，能动用家庭的力量；你为国家的利益做事，就能动用国家的力量。你能承担多大的责任，也就能动用多大的力量。从京瓷还是中小企业的阶段起，稻盛和夫就一直向员工诉说他的梦想就是让他们生产的特殊陶瓷成为全世界电子产业发展中或缺的一部分，他们要向全世界供货。虽然起步时京瓷是个毫不起眼的街道工厂，但稻盛和夫想把它变为街道第一的公司；成为街道第一后，就要成为中京区第一；成为中京区第一后，就要成为京都第一；成为京都第一后，就要成为日本第一；成为日本第一后，就要成为世界第一。

人类社会是一个庞大的系统，公司是社会的组成部分，公司若要存在，必须在人类组织中有存在的理由——在社会系统中贡献自己的价值，这就是社会意志。所以一个企业的使命，就是解释它为什么存在，那就需要回答3个问题：这个公司为什么而生、为什么而存在、为什么而发展。

使命能解决什么问题呢？一是工作动力和工作热情，二是协作。吃喝玩乐才是人性，辛勤工作是反人性的，而且偷懒、出工不出力的状况用钱也不能解决。而使命可以用来感召和呼唤一个人内心的热忱，让他的工作从他人监督驱动改为“自驱”。

- 京瓷公司

使命：追求全体员工物质与精神两方面幸福的同时，为人类和社会的进步与发展做出贡献。

愿景：作为“价值的开拓者”，力争成为全球最有价值的品牌。

- 万科公司

使命：赞美生命，共筑城市。

愿景：成为中国房地产行业的持续领跑者。

- 亚马逊

使命：让人们可以通过简单的网络操作获得兼具教育性、资讯性、启发性的商品。

愿景：成为全球范围内最以客户为中心的公司，让客户能够寻找并发现他们可能需要在线购买的任何商品，致力于为客户提供最低的价格。

- 京东

使命：让生活变得简单快乐。

愿景：成为全球最值得信赖的企业。

- 顺丰快递

使命：客户满意、员工满意、社会满意。

愿景：成为最值得信赖的、基于物流的商业伙伴。

- 华为

使命：丰富人们的沟通和生活。

愿景：聚焦客户关注的挑战和压力，提供有竞争力的通信解决方案和服务，持续为客户创造最大的价值。

愿景是对使命的践行，是一个未来的图景，也是人们内心的想象，当团队成员有共同的愿景时，就形成了组织意志。

价值观是指经营过程中的做事原则，其实也是一个公司组织的共同行为规则。

价值观对应的英文是Value。Value源自拉丁语词根Valeo，意思是“坚强起来”。所以价值是让人坚强的东西，价值观是让人坚强的观念。每个人都有过这样的时刻——内心因为某件事情而充满了动力，感觉自己能一直坚持下去。这个时刻，你就和自己的价值观连接在了一起，于是就形成了“定见”，也就是我们常说的“有主意”。至于说企业战略，则是某个时期内为了践行使命、达成愿景时的总策略。

我可以看一个典型的企业：迪士尼。它已有90多年的发展历史。

它的使命——让世界快乐起来。

愿景——成为全球的超级娱乐公司。

价值观——注重一致性和细节刻画；通过创造性、梦幻和大胆的想象不断取得进步；严格控制、努力保持迪士尼的“魔力”形象。

从文化角度来讲，“愿景、使命、核心价值观”主要解决的是企业的凝聚力和向心力问题，它们是用来凝聚人的。而从战略角度来讲，它们会影响企业的具体决策，就像一个导航，能引导企业这架飞机平稳地飞行，避免迷失方向。

因为迪士尼的使命是“让世界快乐起来”，所以迪士尼设置的所有情节和环节一定都是“合家欢乐型”的，能够给人带来积极的正能量，不会呈现一些悲剧。在迪士尼的故事里，所有角色都不能出现死亡，这是迪士尼的一个法则。

这个使命，也决定了它的业务布局。现在迪士尼有4大业务——影视舞台、媒体网络、主题公园和消费品授权经营，这些业务统称起来就是娱乐业，这跟迪士尼的愿景是完全一致的。

企业的使命也直接影响着企业的组织文化，迪士尼的价值观之一是“严格控制、努力保持迪士尼的‘魔力’形象”。为此，迪士尼在用人方面的标准很明确——乐观。如果你是一个乐观的人，如果你善于制造快乐，那就很有可能会被录用。另外，迪士尼还专门设立了一个部门，对各个部门的员工乐观情况进行明察暗访，然后形成一份严格的评估报告。

在迪士尼，使命、愿景和价值观还直接影响着企业的营销理念和方式。因为想要带给大家快乐，而快乐是需要被感知的。所以迪士尼特别强调要让顾客“体验快乐”，相应地，它主要采取的营销方法就是“体验营销”。拿迪士尼乐园来讲，无论是建筑的精雕细琢，还是工作人员的细节服务（比如和小孩子说话，服务人员要蹲下来；给游客指路，不说方向，而是告诉他向前20米，看到一个圣诞老人然后右转；零食和饮料的运送全部在地下完成，避免影响游客等），都表现得淋漓尽致，这也为它赢得了良好的口碑，以及较高的重游率。

在现实情况里，很多企业就因为没有明确自己的使命、愿景和价值观，或者说没有在这个方面进行过深刻的思考，导致换个领导人，就改变了企业定位和文化理念，甚至组织结构。这就造成了组织管理的动荡和文化理念的摇摆，直接影响组织发展。

二、明确价值观的基础理论

著名的社会心理学家施瓦茨（Schwartz）提出了价值观理论，认为个体行为选择在价值观重要性评价之后。按照他的理论，人的基本价值观按“目的类型”分为终极型价值观和工具型价值观两种。所谓工具型价值观指的是“事物”，而终极型价值观则是指“感觉”。例如，有人认为职场成功最重要的是收入，但收入本身并不是一种感觉而是一件事物，那么关注收入即属于工具型价值观。还有人认为重要的是家庭、朋友或金钱，但这三项都不是感觉，所以，它们也都属于工具型价值观。

人一生中所追求或逃避的都是一种感觉。人们所追求的并不是家庭、朋友、金钱这些事物，而是这些事物带来的感觉，是家庭给你带来的爱、幸福、快乐；是朋友给你带来的关心、肯定、协助；也是金钱给你带来的安全、自由等感觉。是这些感觉主导了你的行为及思想和判断模式，这些背后的感觉，我们称为终极型价值观。

按照施瓦茨的主张，终极型价值观共分为10类：

- 成就：符合社会标准的个人成功（成功、能力、抱负等）；
- 慈善：关注周边人的状态（能帮助他人的、正直、原谅、爱憎等）；

- 守规：减少对社会或者对人有害的行动，遵守规则；
- 享乐主义：未知的快乐或者取得快感的满足（高兴、享受生活等）；
- 权力：取得较高的社会地位或者获得能够控制他人的力量（力量、权威、财富、社会知名度等）；
- 安全：在人际关系和日常生活中追求平静与和谐（如社会秩序、家人的安全、健康、归属感等）；
- 自我取向：独立的思考和行动（创意、好奇心、自由、独立等）；
- 刺激：使人高兴或者有新鲜感的事情，追求挑战（多样性、高兴、挑战等）；
- 传统：尊重并遵守文化或者宗教的规矩（虔诚、对文化的尊敬等）；
- 普遍性：珍惜所有人类和自然，并对他们持有理解、宽容、感谢、尊重的态度（重视环境、社会正义、平等、世界和平与和谐）。

工具型价值观共分为18类：

- 雄心勃勃（辛勤工作、奋发向上）；
- 心胸开阔（开放）；
- 能干（有能力、有效率）；
- 欢乐（轻松愉快）；
- 清洁（卫生、整洁）；
- 勇敢（坚持自己的信仰）；
- 宽容（谅解他人）；

- 助人为乐（为他人的福利工作）；
- 正直（真挚、诚实）；
- 富于想象（大胆、有创造性）；
- 独立（自力更生、自给自足）；
- 智慧（有知识、善思考）；
- 符合逻辑（理性的）；
- 博爱（温情的、温柔的）；
- 顺从（有责任感、尊重的）；
- 礼貌（有礼貌的、性情好的）；
- 负责（可靠的）；
- 自我控制（自律的、约束的）。

很多人并不了解这两类价值观的区别。对于大多数人来说，他们追求的不是表象而是其背后带给人们的感觉，人们穷其一生去收集和追求的东西，以为拥有了就等于是幸福、快乐、成功，但往往却忽略了自己内心真正的需求。人人都说自己要追求幸福与快乐，可是，真正在追求这些幸福与快乐感觉的人却是凤毛麟角的，绝大部分人一生都是在追求金钱、名利、洋房、汽车等这类似乎很有用的工具而已。

笔者在这里想要呼吁企业的管理者，去拥抱和追求终极型价值观，因为只有一个人明确自己真正在追求的是什么，才不会被一些蛊惑人心的外在事物所迷惑，才会获得心灵的自由与和谐。打个比方，我们和朋友相约去郊游，可是路上突然下起了大暴雨，把大家淋成了落汤鸡，有的人就会生气懊恼，但其实，你也完全可以选择不生气，把偶遇暴雨当作一桩趣事。毕竟郊游的目的不就是想要一种快乐放松和刺激的感觉吗？郊游不过是获取这个感觉的一种工具罢了。看看那些职场中的人们，他们知道自己为什么选择现在的工作吗？他们想在这份工作中得到什么感觉？他们得到了吗？再比如，想一想你当初为什么要选择现在的婚姻生活？你想通过它得到什么样的感觉？你得到了吗？想一想你为什么要一直赚钱？你希望用钱换来哪些感觉？而现在你得到这些感觉了吗？

无论是工作、婚姻还是金钱，都不过是实现你那些重要的终极型价值观（感觉）可选择的工具。所以，我们才倡导那些不断追求成功的经理人去树立终极型价值观，他们有才华、有魄力，也有优秀的品质，但是在追求的过程中，也要让自己停下来想一想：到底自己想要的是隐藏在这些工具背后的哪些终极需求或感觉？自己又真正地得到了多少？

案例39

70多年前的人们，无论是知识分子还是工人农民，都拥有共同的愿望——挣脱帝国主义的桎梏，打败日本侵略者，解放全中国。因而他们都拥有着强烈的使命感，为了民族解放与民族独立，可以抛头颅、洒热血，将个人利益弃之不顾，始终把集体利益放在首位。

那是一群令人敬佩的志士，值得后人永远崇拜与感恩。放眼现在，相对和平的生活环境使得我们的共同奋斗目标、我们的使命发生了变化，现阶段我们是为了实现中华民族伟大复兴而奋斗。对于我们每一个拥有爱国情怀的中国人来说，实现中华民族伟大复兴也是我们作为一个个体最重要的使命，这比个人的利益得失重要太多，只有国家富强，人民生活才会真正富足；只有国家繁荣昌盛，人们才会有更加广阔的天地。我们终于清楚了自己的使命，就是用自己的全部力量和心血为实现中华民族的伟大复兴添砖加瓦！只要我们万众一心，以国家利益和民族利益为己任，那么实现目标只是时间问题。

将个人奋斗目标融于集体的目标当中，每一个个体的使命感都会油然而生，而这种使命感则会敦促个人冲着目标努力前行，不断提升自我，遇到困难迎难而上，不退缩、不畏惧。使命感是我们每个人前进的动力，使命感给人克服挫折的勇气，使命感为人们指引前进的方向。

肩负使命感的人会更加乐观和坚韧。因为使命，所以乐观而无所畏惧；因为使命，所以坚韧而百折不挠。

三、共建团队愿景目标

具备了大的格局观后，管理者还有一个需要解决的问题，那就是要有一个让大家认同的目标。目标对于人们的吸引力往往被企业管理者所忽略，大部分管理者始终“哀叹”给员工的工资不高，才导致出现了那么多不该出现的问题。笔者经常反问他们的一句话是：如果我给你的员工大幅度提高工资，你能否保证业绩也有相应的增长？这时被问的人往往会惊诧地愣一下，然后又弱弱地笑答：“这个……我也不能……”这样的回答恰恰说明了大部分的管理者在抱怨的时候并没有切实地思考问题的深层原因，员工确实需要更好的收入，但是一个有价值的目标，一个能够引起共鸣的价值观在员工心中的分量可能远胜过金钱。

当一个愿景成为人们付出努力并力求实现的目标时，就能激发出人们无穷的力量。管理者的使命就是把这个愿景描绘给员工听，同时他自己必须成为这个使命的追随者，否则就无法形成自己的领导力。

许多名人都讲过名言，这些话被广为流传并不断地激励着他人，名人自己也可能曾在最艰难的时候被一句名言激励过，从而鼓起斗志渡过难关、成就事业。但为什么书店中很多书籍没能激励更多的人？这里的关键在于你是否处在具体的环境里，是否在特定处境下正在寻求“特定激励”的心！能够鼓舞人心的东西实际上已经存在于你的内心之中，你需要的仅仅是利用某个看似可信赖的名言去点燃而已。也许你发现这条名言的时候表现得很兴奋，但其实这不是发现，只是它迎合了你的期待。这种期待在你的意识之下罢了。

每一条至理名言的获得和被感悟，都是对阅历的积累。往往只有少数人能够对目标有深刻和正确的认识，企业的中层管理者是企业的核心群体，当这个群体能够领悟目标并为之付诸行动时，他们就可以成为其他员工的示范教材。现代企业管理中所提倡的文化管理主要是指企业的价值观，而价值观本质上是一种智慧、感悟，绝不只是纪律。

那么该如何把目标和愿景描述出来，并让人们了解和认同呢？企业的愿景与规划需要满足以下标准：

- 可想象——描绘一幅清晰的蓝图；
- 有吸引力——确保能吸引人（员工、顾客、管理者）；
- 可达到——目标具体且可实现；
- 具有目标性——确保明确作为选择和决定的指导方针；
- 灵活性——确保愿景有余地，以调整和适应环境变化；
- 易传播——只要5分钟，就可以阐明你的愿景。

下面我们就以马云为阿里巴巴做的10年目标规划为例，看看这个愿景的吸引力。

阿里巴巴10年目标：

- 我们要为全世界创造1000万家小企业的电子商务平台；
- 我们要为全世界创造1亿个就业机会；
- 我们要为全世界10亿人提供消费平台。

案例40

马云演讲

10年以前，我在家里跟今天的杭州市委书记王国平书记说，阿里巴巴10年以后，会成为一家市值50亿美元的公司，当时我们总共凑了50万元人民币，非常之艰难。我看见王书记兴奋地点了点头，当然边上很多人觉得不靠谱。10年以来，一直都有很多人说，阿里巴巴讲的是故事，阿里巴巴这个做不到，那个做不到。但是10年了，阿里巴巴其中的一家公司已经在股市上市，并且市值已经超过100亿美元，阿里巴巴已经从只有18个员工的小公司变成了有1万多名员工的大企业，阿里巴巴也从中国遍布到全球200多个国家和地区。我今天当着27000名阿里巴巴的员工、阿里巴巴的客户和众位亲朋好友描绘一下10年以后，阿里巴巴如果要做好新商业文明，那么未来的具体指标是什么。

第一个指标，我们将会创造1000万家小企业的电子商务平台，我们要为全世界创造1亿个就业机会。我们要为全世界10亿人提供消费的平台，我们希望通过1000万企业的平台，通过我们所有企业的平台，让所有的小企业可以通过技术、通过互联网、通过电子商务，跟任何大型企业进行竞争，我们希望我们的消费者，能够享受真正物美价廉的产品，我们更希望任何老太太都可以通过我们的服务，不再因为少交了60元电费去银行门口排队，让她们通过我们的服务享受跟工商银行的董事长一样的权利。

我相信，1000万家中小企业，1亿个就业机会，10亿个消费者，一定会引来很多的非议、嘲笑、讽刺，但没关系，我们阿里人习惯了。我也相信世界也许会忘记我们，因为我们追求的不是被他人铭记，而是让别人通过使用我们的服务，完善自己的生活，促进社会的发展。各位阿里人，92年的路非常之长，来到阿里巴巴不只是为了一份工作，而是为了一份梦想，为了一份事业。我今天的分享是想激励我自己，也是想激励大家，我讲了N多遍，但今天还想再讲一遍：今天很残酷，明天更残酷，后天很美好，绝大部分人死在了明天晚上，看不到后天的太阳，阿里人必须看到后天的太阳。

四、凝聚人心

很多管理书籍提到要给员工树立远大理想，创造发展空间，制定个人职业规划，分析公司现状及长远规划，激励团队精神，激发员工士气等，但就是不说该如何做。有些人往往缺乏企业实战经历，面对现实问题时总是陷于慌乱。某些问题无法解决，却不甘心承认，百般解释却苍白无力，往往自己提出的解决方案缺少实践经历（很多都是听来的），说起来头头是道，落到实处时却总是漏洞百出。

大部分人都知道目标，也就是做什么。比如，我们要改善管理氛围，提高员工满意度，让员工产生向心力，即使能对此提出一些举措，但也多是从书上抄来、网上学来的，这种零星的招式在真正实战中是没有什么胜算的，反而还会贻误战机、浪费资源。

对于怎么做却往往谈得很少，而这也正是企业管理者最需要和最渴求的东西。偶尔有效的招式和缺乏体系的管理是难以长久的。

其实坚持的过程才是效果的保证。笔者曾在温州市做培训时听两位企业中层管理者谈论“道”与“术”，他们认为“道”才是正途，“术”为他们所不屑。其实“道”与“术”从来都不是分离的。只关注“道”而忽略了“术”就是书呆子；只关注“术”却远离了“道”就是小聪明。笔者倾向于用“道”指代管理思想；用“术”指代管理手段。一个没有思想的管理者是很难成长的，至少也要有自我丰富的愿望，否则凝聚团队人心就是一句空话！

很多管理者往往寄希望于外力，总想找一个“牛人”“大师”给自己一个“灵验的方子”，自己只要服下即可。

还有很多企业的中层管理者与笔者交流时经常提到一个观点：“孙老师，我们用了您说的方法后，效果不错，但是时间一长效果就不明显了。”

此时笔者就会反问一个问题：“你见过什么方法是一劳永逸的吗？”

那些中层干部往往会讪讪地笑一下，觉得自己问的这个问题有点不够聪明。其实不然，很多人都会期望某个方法奏效并持续地产生作用。殊不知，做事情的方法手段可能不会变化，但是施受的对象却是变化的，明明是一个非常简单的命题，但却因为我们从未认真思考反而造成了诸多困扰。

人是变化的，因此我们解决问题的手段和方法也要保持变化。手段和方法主要是“术”的体现，所以在“术”的层面是不能用列举法的，因为这样会让你自己陷入一个循环并难得要领。我们要从“道”出发来考虑“术”，这也就是说，我们必须要明白事情的本质。理论是最能够让人们看到问题的本质的，既然要增强员工的凝聚力与向心力，我们就需要从人性的角度去满足员工的需求，进而实现“我们照顾好员工，员工就会照顾好客户，进而照顾好我们的利润”

的结果。

盖洛普认为，要想把人管好，首先要把人看好，把人用对。给他创造环境，发挥他的优势，这是管人的根本。用中国的话来说就是使每个员工产生“主人翁责任感”，盖洛普也将其称作敬业度，是员工作为自己所在单位的一分子，所产生的一种归属感。为此盖洛普公司发明了Q12方法，这个方法在国际大企业中引起了很大的反响，其主旨是通过询问企业员工12个问题来测试员工的满意度，并帮助企业寻找最能干的部门经理和最差的部门经理。

笔者在这里把它当作评估组织凝聚员工的工具。

盖洛普Q12测评工具：

1.我知道我的工作要求吗？

2.我有准备好我的工作所需要的材料和设备吗？

3.在工作中，我每天都有机会做我最擅长做的事情吗？

4.在过去的6天里，我有因工作出色而受到表扬吗？

5.我的主管或同事关心我的个人情况吗？

6.在工作单位有人鼓励我的发展吗？

7.在工作中，我的意见受到重视了吗？

8.公司的使命目标使我觉得我的工作重要吗？

9.我的同事们致力于高质量的工作吗？

10.我在工作单位有一个最要好的朋友吗？

11.在过去的6个月内，工作单位有人和我谈及我的进步吗？

12.过去1年里，我在工作中有机会学习和成长吗？

我们用这12个问题来进行自我检视，企业的中层管理者通过这12个问题能够更加深刻地反省和认识到应该如何做才能帮助员工产生凝聚力。

第1个问题：我知道我的工作要求吗？

大部分员工都没有明确的目标。因为很少有人认真思考过这个问题，而是把更多的希望寄托于未来的不确定性上，所以很多预测与悲观的情绪才成为主流。其实人们空虚、无聊的本质就是目标不明确或目标定得过低，一个有追求的人往往是充实的。

工作目标不明确，因为领导根本没有讲清楚做到什么程度才算是圆满完成。

案例41

领导让晓丽做新闻发布会的总策划。公司也给媒体准备了纪念品。领导多次和晓丽嘱咐此次活动意义重大，切不可马虎大意。

整个谈话过程中，领导交代了达成目标的标准吗？没有！因为领导自己都没有搞清楚完成任务的标准到底是什么，他没想过这个问题，也没有要给下属讲清楚的意识。

其实这个任务目标要说清楚不困难，公司发放纪念品，就是希望得到主流媒体的关注，因此他们是否会报道就至关重要，新闻发布会开完，这几个拿到纪念品的媒体要发布对本次发布会的报道，最好是让5家参加的媒体都报道了，这就算是较好地完成了任务。至于现场的布置与程序都是次要的。

第2个问题：我有准备好我的工作所需要的材料和设备吗？

我们期待下属能够具备自我成长的能力，所以往往对他们寄予较高的期望，若对方做得不够好，我们就会有所抱怨。其实我们说这番话的时候基本是站在自己的角度上说的，下属不具备丰富的经验和阅历，换位思考都是说起来容易，做起来难。所以我们倒不如多考虑一下他们需要的支持和设备，为他们提供最强有力的支持。让他们在你的支持下，去感受成功的快感，然后思考解决问题的办法。

第3个问题：在工作中，我每天都有机会做我最擅长做的事情吗？

每个人都有自己的优势，有些人非常善于作计划，有些人善于组织协调。那么我们是否注意到了我们的员工有哪些他擅长干或者喜欢干的事情？

案例42

我们的团队里曾经有一个女孩非常善于规划工作，我们每次把一项任务的前期流程与执行文件的工作交给她时，她都非常乐意并且完成得又快又好。让员工的长处有机会得到施展，他就会心情愉快并变得积极主动。

第4个问题：在过去的6天里，我有因工作出色而受到表扬吗？

每个人都希望被认可，如果员工的工作得到积极的反馈，员工就会产生很强的自信心，从而产生工作激情。

管理者需要经常性地给员工以反馈，让员工知道自己在领导心中的位置。

笔者曾经表扬过某工厂的一名设备维护主管，车间在他的带领下，2年之间设备从未出现过因大故障而影响生产的状况。公司高层管理者曾对笔者说，2年来未出现过大的故障和事故，就是设备部最大的贡献，就应该得到表彰，会场当即响起了热烈的掌声。会后该负责人表示那一刻非常感动，终于有人肯定了自己的成绩，而此前从未有人讲过他的工作是重要的。可见员工的内心深处是多么渴望得到上级领导和组织的肯定。

第5个问题：我的主管或同事关心我的个人情况吗？

关注员工的个人状况（并非隐私），会让人感到温暖。关心员工的身体状况和家庭情况，会让其觉得自己受到了重视并因此产生感激之情。但是如果把生日会办成了例会，那就失去了意义：生日会不是为了有免费吃蛋糕的福利，而是要让参加者感受到企业的关怀。总之就是让员工感受到公司的关注。

第6个问题：在工作单位有人鼓励我的发展吗？

企业不是剥夺员工劳动力的场所，而是大家出谋划策共同发展的地方。员工的发展也就是企业的进步，我们要给员工成长和学习的机会，为其指明方向，或者至少明确员工的发展路径。

第7个问题：在工作中，我的意见受到重视了吗？

员工的意见我们听过吗？很少。甚至我们没有听的兴趣，为什么？因为在众多管理者看来这些人的意见没什么价值。诚然，管理者们普遍更聪明、更有眼光，但是我们还是要给员工说话的机会，毕竟他们也有跟你一样的需求，所以要给他们发表意见的空间。

大会决定小事，小会决定大事。这句话听上去像抱怨，其实是真理。听取员工的意见是管理者洞悉民意、体察人心的好机会，员工也会因为意见被采纳而心存感激。

第8个问题：公司的使命目标使我觉得我的工作重要吗？

如果不能把自己的工作与团队目标结合起来，人们就不会有成就感。因为工作目标非常远大而且很有意义。

第9个问题：我的同事们致力于高质量的工作吗？

人非常容易受到环境的影响。如果身边的人都是热情肯干的，那么这个人也一定会变成努力的人。“近朱者赤，近墨者黑”说的就是这个道理。首先一个团队、一个部门的领导者就应该是一个有激情的人，这个人能带动其他人并影响团队氛围。

作为管理者你想要改变现状吗？那就从自己开始做起吧。把自己变成火种，去点燃身边人内心热情的火焰。

第10个问题：我在工作单位有一个最要好的朋友吗？

一个可以倾诉的好友可以极大地舒缓员工的压力，这样的一个朋友可以让痛苦减半，让快乐翻倍。我们的团队或部门内一定有这种小圈子，不要让某人游离于所有圈子之外，那样他会很痛苦。物以类聚、人以群分，通过观察小圈子，就能更好地把握员工的特性。

第11个问题：在过去的6个月内，工作单位有人和我谈及我的进步吗？

被关注，并能够被持续关注对每个人来说都是莫大的动力。员工很久之前的举动还能被管理者记得，他们的表现能够得到上级管理者的关注，那员工一定会对此心怀感激。笔者认为从某个角度来讲，“爱”就是持续而真诚的关注。如果员工感受到你的真诚，那他一定会以“爱”来回报，在一个有爱的团队中就一定会有凝聚力。

第12个问题：过去1年里，我在工作中有机会学习和成长吗？

如果每天做事情都是千篇一律的，你会产生厌烦感吗？相信很多人的回答都是肯定的。尤其是受教育程度普遍提高的今天，人们更加关注精神层面的需求。所以那些简单的工作逐渐被机械所取代，人们更愿意尝试创造性的工作。

我们不断对一份工作提出更高的要求，这就需要员工不断去学习和提升。每个人都希望表现出色并被人赞赏，当你为他提出切实可行且明确的提升方向时，他会去尝试并力求达到目标，因为胜利带来的心理满足感有无穷的魅力。作为企业管理者，我们要做的就是为员工设计出若干有挑战性的目标，看到他们的成长，你是不是也很有成就感？为员工设计目标的工作对你而言是不是也具备挑战性？如果你的回答是肯定的，那就让我们一起来迎接挑战吧！

第二节 ┃ 提升团队综合效能

在工业革命时代，为了满足生产更多、更好、更快的需求，科学管理原则出现了。现在，我们已经进入了信息时代，原来的一些管理原则和做法依然合理有效，但有些则已经明显地不适用了——过去的管理是控制，现在强调激发；过去讲授权，现在则是享权；过去讲绩效，现在则是综效。那些能够紧跟潮流并适时调整的组织，一直处于变革之中，它们在变化中不断调整，不断发展。究其原因，是组织里的人创造和培育了新的管理原则，他们是变革的推动者和执行者，也是变革的源头。

从传统的管理角度看，人是最难管理的。在那些完全为了挣钱而工作的人中，71%的人不敬业（美国劳工部统计数据）。传统的管理原则中，员工必须严格执行上司的命令，否则他们就会被减薪、被打压甚至失去工作，不可否认的本质是，这样的管理是以恐惧为驱动力的。

在“你只需要执行上司的指令就好”模式中，员工很容易失去工作动力。例如，因为领导方向不明确、指令不清晰，造成员工无所适从；或者，领导专注于错误的问题，领导自己站在高处看员工，认为员工有问题，于是告诉员工需要改正，或者让员工去解决，但可能在员工看来，根本就不是那么回事；再有，就是领导总是关注不存在的问题，让员工加班，发现即使发加班费员工还是不愿意，于是就认为员工不敬业或者对他不尊重。实际在员工看来，这个工作根本不需要加班也能完成。

那么该如何提升团队的整体效能呢？激发团队动力的核心要素

都有哪些？我们按照组织行为学的理论，总结和分析了5个要素，分别是专注力、清晰度、问责制、影响力和可持续能力。对这几个要素的深入理解，可以帮助我们解决团队驱动力的激发和使用问题。

一、专注力：一门心思把当下的事情做好

专注力，就是一种心无杂念地活在当下的能力，脑子里既不执着于过去发生的事情，也不忧虑未来可能发生的烦恼。村上春树在书里说："为什么要跑步？为了专注力。就是把自己所拥有的有限才能，专注到必要的一点的能力，如果没有这个，什么重要的事情都无法达成。"绝大部分人不能专注于一件事情，一方面是因为外界有太多的诱惑，另一方面是因为我们的欲望太多。

很多时候我们都高估了自己的能力，又低估了事情的难度。我们以为自己无所不能，但是最后的结果往往是事事上心但事事无成，这就涉及选择的问题——你必须清楚地知道自己最想要的是什么，然后你才会明白对自己来说最重要的事情是什么。

就像一个作家，他要做的最重要的事情就是磨炼自己的思维和写作技巧，探索读者们的真正需求。而不是把自己的精力耗费在别人对他的评价，读者数量的增减，抑或是营销宣传之类的琐事上。一旦他创作出了好的作品，那就能够很快得到应有的关注，读者数量就会剧增，身价也会上涨。因为有了实力，名声也会越来越大，后续还会有很多媒体群、出版社来找他做分享、出书籍，他的影响力就会进一步扩大。

作为企业的团队领导，具备专注力是非常重要的。当领导者能够专注于某件事，比如说团队整体业绩的提升时，必然会对这件事有一个深入的思考和积极的探索，这对于领导者本人来说，能够真

正投入一件事应该是快乐和充实的。领导者对某件事的参与也会给他的团队成员带来很大的影响，他们会通过这件事知道领导关注的是什么，同时也就知道了自己应该关注的重点是什么，他们就会更加信任这个公司，觉得这个企业有一门心思想把事情做好的习惯。之前我们提过迪士尼公司的宗旨是希望把童心带给所有人，于是他们专注于营造一个美好的童话世界，从而带给客户最好的体验。迪士尼专注于客户体验的细节举措有很多，我们不妨列举几项：

1.生日徽章。如果你去迪士尼游玩当天恰好赶上自己的生日，凭身份证就可领取生日徽章，有了这个生日徽章，你就可以享受一天的宠爱，去迪士尼最怕的就是排队，有了生日徽章，就可以预订礼宾服务，享受八大热门景点优先玩的待遇，还有里面的工作人员看见后会祝你生日快乐，甚至有一些演职人员还会给你一个拥抱。

2.梦想护照。在入园时买一本迪士尼的梦想护照，里面有各个指定地点可收集官方印章，集齐所有印章后，可在迪士尼获得一枚特殊印章做纪念，这种互动式的护照体验深受游客们的青睐，可能过去很久后，回味起来也会觉得弥足珍贵。

3.贴纸收集。迪士尼乐园里的员工非常热情，他们的口袋里有大把的贴纸，他们碰到小朋友都会主动给，若是稍大一点的宝宝想要，也可以主动找他们要，他们都会给。

4.收集签名。进园前准备好纸和笔，迪士尼里的每一个角色都会给你签名，而且他们签名的字体都是经过反复练习的，字体统一，非常有艺术感。

5.水源补给。每个景区的消费都要比外面高很多，迪士尼也不例外，园内的矿泉水卖得都比较贵，但景区会提供直饮水，都是经过消毒的，可以放心饮用，迪士尼园内的餐厅也提供热水，游客向餐厅索要，他们是不会拒绝的。

6.乐园就是真实的童话世界。迪士尼乐园每一个区都有不同的主题，所有的角色扮演者都出现在该出现的地方，为了保证游客们不跳戏，迪士尼乐园的地下走廊，有一套巨大的地下隧道系统，工作人员在幕后进行工作保证不穿帮。

从公司倡导的理念到具体的管理举措，再到员工的一举一动，迪士尼始终专注于客户体验，这样的组织必然会取得成功。现在迪士尼乐园骄人的业绩就是这种专注力的明证。

在团队或部门工作中，管理者也要具备这种专注力，就笔者的观点来看，领导者活在当下最好的方法之一，就是将重点放在如何增加团队的安全感、归属感和自信心上。

在激发团队活力、提升团队综效方面，我们建议企业管理者把专注力放在最关键的行动上，我们在这里列出了增强安全感、归属感和自信心的行动建议：

- 给出明确的工作要求；
- 提供工作需要的材料和设备；
- 了解每个员工的优势；
- 肯定员工的优异表现；
- 了解并关心员工的个人生活；
- 鼓励员工的发展；
- 倾听员工的声音；
- 让员工理解公司的使命和目标；
- 带领员工追求高品质的工作；
- 让员工有机会挑战自己。

二、清晰度：明确的目标与期望

案例43

无效工作源于目的不明确

我们要对客户做需求调研工作，于是找了很多淘宝卖家。在我们问了这些卖家几个问题之后，这些卖家的情绪就被调动起来了，开始讲述他们创业过程中的成就与艰辛，比如卖手机的给你讲中国整个手机市场。一位卖钻石的女老板给你讲他老公多有钱，就是没空陪她，给她在上海最繁华的地段买了个门店卖钻石，她经常去南非采购，一次买好多，轮着戴，不喜欢的就折价卖掉，不为赚钱就是找点事情做……不论故事真假，都十分精彩，我们又不够老到，完全被忽悠得入神了，原本1个小时的访谈变成3个小时，最后送走用户，一看访谈记录，只有一片空白。

直奔目标才是最有效的工作方法。对于领导工作而言，清晰度也是至关重要的。当所有人清楚自己的目标时，我们会感到上下团结一致、干劲倍增，而我们的团队由于有一个清晰的前景，也会深受鼓舞。那么，为什么清晰度有时很难做到呢？因为想要真正做到清晰，我们就需要花时间去发现我们需要什么，并把它清晰地表达出来，确保对方理解我们的意图。

保持目标的清晰度，需要做到以下3点：首先，说清楚、表达出我们真正想要的东西。其次，要进行逻辑分析，让人们知道你的目标及实现目标的方法。最后，清晰地表达你的意图。

关于激发团队活力方面，领导者除了要清晰地表达希望员工完成任务的期望外，还要告知员工他们的哪些行为是可以接受的、哪些行为是不被接受的。大部分员工都想做正确的事，而且他们从来都不愿意失败，但如果他们没有清楚地了解你对他们的期望，他们就会一头雾水。让员工猜测领导对他们有怎样的期望，既不利于实现人性化管理，也不利于提高工作绩效。笔者的学员曾经给笔者讲述他老板的变化多端，导致他们很多人在开会时都会带上两份报告，这种重复的劳动，让他无法把注意力集中在提高工作绩效上。他的同事总是在试图猜测老板的期望，浪费了大量精力，这让他们疲惫不堪，斗志全无。

所以，为了避免这样的悲剧重演，我们希望领导者可以把自己对团队行为的期望明确地告诉员工，同时还要充分考虑以下问题：

- 你希望员工表现出来的行为中哪5种最重要？为每一种行为都列举一个例子，详细阐述相应的情形及你希望看到的行为。
- 就团队来讲，哪些行为是破坏团结与合作的？也就是说，哪些事情会让你突然发脾气？哪些行为会让你觉得错得离谱？
- 如果员工碰到了问题，你希望他们怎样处理？
- 你希望你的员工和你怎样交流？
- 你通常希望看到员工撰写什么样的报告或书面文档？

案例44

有人把目的当手段，有人把手段当目的

一般来说互联网公司付费产品的KPI可以分为2类：

- 用户数——多少人买，由卖产品的销售部门负责；

- 活跃度——多少人在使用，由做产品的产品部门负责。

这个指标看上去很合理，但是运行起来问题却很多：销售部门的KPI是“用户数”，这里面有什么问题呢？一般的逻辑是公司要赚钱，于是商业驱动产品，销售去卖给客户，销售部门看重的就是埋单的人，这就导致产品要服务于“付费”，于是开始看重“噱头”。产品部门的KPI主要是“活跃度”，用户开始用了，产品是否能黏住用户就比较考验产品的功力，所以如果产品部门想的是为使用者而做，那产品部门就要为使用者做画像并设计产品。从客户方来说，拥有购买决定权的人一般是老板，与产品的使用者及业务员不是一个人。

于是，事情的发展就很奇怪了：当销售部门KPI完成得不错的时候，就是产品部门发愁的时候；当产品部门笑的时候，就是销售哭的时候……

那么这个事情该如何改善呢？这就需要进行深入的分析：实际上，付费用户中有相当一部分用户并不是目标用户，产品好对他来说没用，他不可能真正使用产品，也就不可能变成活跃用户。

那应该怎么办？这就需要加入一个环节，也就是售后服务，以前是从产品设计到客户购买，现在再加上一步使用服务。客户也就被分成了这样的几个阶段：潜在用户、付费用户、使用用户和活跃用户。

从潜在用户到付费用户，这个指标就是付费用户数，由销售部门负责让付费的人把产品买下来。

从付费用户到使用用户，也就是提高使用率（使用率=使用用户/付费用户），这个指标由服务部门负责，让用户可以真正使用产品。

从使用用户到活跃用户，即活跃度（活跃度=活跃用户/使用用户），由产品部门负责让终端用户用好产品。

当然，为了提高使用率，产品在一定程度上适应用户也是必需的。以上这些关于KPI的分析，只是产品第一年的问题，从第二年开始情况又会复杂一点，多出了“续签率”这样一个常见的KPI。一般来说“续签率”和“活跃度”是呈正相关的，按照常理，销售部门在第二年会负责“续签率”，那么产品部门的日子就要相对好过一点。

三、问责制：明确职责边界

问责制的基础是流程和纪律，具体来说包括：分解目标、跟踪结果（工作报告）和激励措施（奖励和处罚）。从团队领导者的角度来说，问责制有利于高价值结果的产出，因为约束和承诺会让人对不确定性感受到安全感。同时也能让员工群体感受到工作任务的透明度和责任感。大家都清楚该干什么和干到什么程度，不需要再去揣摩别人的心思，而是真正地就事论事，人们也就自然地感到这是自己的事了。一般来说，想要激发员工的自主权和责任感，必须要做到以下3点：

- 明确上级要求；
- 遵守承办人的承诺；
- 做好个人奖励和处罚工作。

在低责任感文化中，团队成员会亦步亦趋地照着他们老板的样子去做。如果你所在的团队就是这样，那么承担责任的就应该是企业高层。在这类企业里，往往高层才是问题的根源所在。

不管任务指标是上级下达的，还是双方共同商定的，都需要具体的承办人对目标的实现作出承诺。当然，我们关注的不是承诺本身，而是分解工作任务并明确关键行动。阶段性任务是一个给定的结果，它对你工作的成功与否将产生重大影响。一旦你确定了自己的阶段性任务，并且制订和遵循了一个计划去实现它们，你就会看到每日、每周、每月、每季度、每年度的业绩成果。而实实在在的成绩会让你保持兴奋状态，并增进和保持你前进的动力。你还可以为每个阶段性任务设定一个主要目标、最低目标、最高目标。主要目标是你想要的结果，最低目标是你愿意接受的最坏情况，而最高目标就是你所想要的最佳结果。

案例45

项目经理的难处

我是孙老师的学员，课堂上有一个环节让我们分享自己所在工作岗位上的困难状况，我把这个环节叫作“岗位大吐槽”。

现在，如果你去问一个程序员他近期、中期的职业目标是什么，我想可能80%的人会回答：“项目经理。”项目经理，这个名称听起来似乎很体面，有点中层干部的味道，但是事实上真的有那么好吗？我们先看看现在大多数组织中项目经理的境况，许多组织内的项目经理，实际上担任的是“包工头”的角色。他的工作是领着一帮人干活，每天都有看不完、写不完的文档，还得与客户交流，在高层领导要求的期限内完成工作。

现在我列出一些状况，你看看你的工作有几项是符合的，肯定的答案得一分，看最后能得几分，我认为得3分及以上的人，肯定很难体会到工作的快乐，并且所做的项目多数会失败。

1. 你手里没有足够的可支配资源，甚至没有花一分钱的权利。

2. 你对项目组内的成员没有足够的约束力，项目组内的成员似乎更愿意听命于他所在部门的经理的指挥。

3. 遇到成熟度低下的客户，他们几乎没有清楚表述需求的能力，产品似乎总是不符合他们的要求。

4. “客户就是上帝”这句话在我这里就是个笑话。

5. 高层管理人员不称职，根本不会管理。

6. 你自己并不喜欢或者并不善于与别人沟通。

7. 很少或没有接受过任何项目管理方面的培训。

四、影响力：你能理解、授权和激励的人数

影响力不是指你可以指挥多少人去做事，而是指你能理解、授权和激励多少人。所以增强影响力的关键是提高你与他人建立融洽的关系或情感维系方面的能力。而发展融洽关系的关键，又在于要有灵活的办事方法。一旦我们具有了很好的影响力，我们在工作时就会感到游刃有余，诸事顺利，而我们的团队成员也会觉得我们很能干，具有很强的协调能力。

关于领导者的意图是否被人们所响应，可分为3种情况：

作出承诺：人们愿意接受一项任务，并愿意为之付出努力。

服从指令：人们接受一项任务，但缺乏兴趣和热情，只会付出很少的努力。这种结果多是因为人们没有完全认同某项工作任务，或者认为它并不是达成组织目标的最佳途径。

产生抵制：人们反对或者拒绝某项要求。希望领导者收回或改变这项要求，或拖延执行，或阳奉阴违。

在这3种表现形式中，作出承诺是最好的一种，它会让人们更加努力，更加积极，更具创造性。当然，并非所有工作都需要承诺。例如，对于一项简单的日常工作，按部就班地完成即可。

关于上级影响力的发挥，我们可以站在第三方的角度来审视，通过把员工的行为反应划分成5个层级，来反映领导者影响力的效果。

第一层级：等待被告知。这是最低的影响与响应程度。这个层次表明，人们只是坐等别人告诉他该做些什么和该怎么做。毫无疑问，在这个层次上，领导者的号召力是非常弱的。

第二层级：要求被告知。在这个层次上，下属会主动向领导询问任务及要求，尽管比第一级稍微多了一些主动性，但仍属于低级状态，代表着低水平的技能和意愿。

第三层级：提出建议并寻求肯定。这是指一个人不确定该做什么，有一些想法，但是在采取行动之前会寻求上级的许可。这可能是缺乏自信的表现，也可能是员工非常诚实地认为，他所面对的情况比他习惯的情境要稍微复杂了点。

第四层级：采取行动并寻求肯定。在这种情况下，一个人已经采取了行动，但不确定是否正确，就会从领导那里寻求确认。这可能是因为员工缺乏自信，也可能是因为员工希望就行动与领导进行对话。

第五层级：继续行动并定期汇报。这是我们应该追求的最好状态。这里的关键是通过定期的例行汇报确保问责。定期汇报的形式可以包括每周例会、定期提交报告和定期考核等。

领导者的影响力也会直接影响其下属的行为反应，按照这个层级划分的方式，如果某人是在第一级，那么就让他先移动到第二级而不是直接去第五级。这样的逐级跃进，也能慢慢增长个人的自信心，并把这种增长变成可持续的增长。

五、可持续能力：保持热情

企业经常为了某事件设定奖励政策，导致人们一窝蜂地努力，但是他们一旦拿到公司承诺的奖励，就会止步不前。你会发现组织里这种情况很常见——员工在很短的时间内投入了太多的精力，随之而来的是疲惫和厌倦，然后就是歇息和停止。所以，我们提到的保持团队的可持续性，说到底就是精力管理的问题，要找出使我们感到疲劳以及使我们陷入矛盾状况的问题，然后再清除掉这些问题。这就要求我们必须做到自觉地和有意识地思考我们处理问题的方式。

那我们该如何调整自己处理问题的方式方法呢？在这里笔者引用了“默认角色”理论来进行分析。该理论认为，人们倾向于3种基本的默认角色：受害者、拯救者、迫害者。这3个角色彼此相互依赖（必须有迫害者，才会有一个受害者等待拯救者去救助他），它们共同构成了“紧张三角形”。

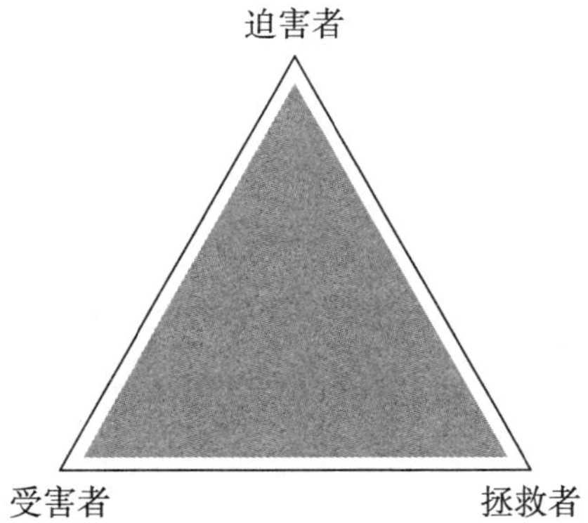

图8–1 紧张三角形

在这个默认的角色模式中，人们的思维方式是聚焦于问题的，人们容易陷入“反抗——逃跑——麻木”的情绪状态中，如果长期如此，就会陷入冷漠，必须要用更多的能量才能将他们解放出来。处于这个状态中的人容易固化自己的心理图式。比如错过新的有用的资源来帮助自己成长，或者我们试图影响他人却错过了有效的机会。

但如果我们从聚焦问题转到聚焦结果上，就能够实现“转变自己”的目标。

迫害者转变为行动创造者就是说迫害者想要获得动力并采取行动得到期望的结果，一旦他们开始行动，问题就已经开始转变了。

受害者转变为结果创造者就是说所有受害者都想要某个结果，而这也正是他们经常在抱怨的东西。我们的目标是帮助他们专注于他们想要的东西，而不是他们没有或不喜欢的东西。

拯救者转变为观察力创造者，是指所有的拯救者都希望帮助和拯救受害者，他们要通过释放自己内心的能量帮助受害者找到拯救自己的办法。

团队内部的情绪管理是非常关键的，领导人可以用自己的“偏执”来影响和带领全体人员，就像乔布斯那样，对产品的完美要求和用户体验的极致追求，让他的追随者们产生狂热。也可以利用机制和奖惩办法，在明确的战略方向下，集中发挥全体成员的力量，把事情做到极致，在这一点上最有代表性的企业就是华为公司了。我们从旁观者的角度来看，每个企业的模式都是比较清晰的，但是到了仿效和学习操作经验的层面，困难就出来了，尤其是对于那些执行和落地的中层干部，他们需要把战略落地，更需要带动员工解决具体的问题，对于这个群体来说仅仅知道做什么、怎么做还是不够的，他们还要更进一步“做得到”才行，但是任何事情在执行过程中肯定都会出现这样或那样的问题。我们不妨把关注点放到项目中，任何一个项目都要创造价值，并且有明确的开始时间和结束时间。项目经理要做的，就是在可接受的风险内，在绩效、时间表以及成本这3者之间进行取舍。

对于在工作中保持奋斗热情的期望，是通过一系列小的成功实现的。虽然对愿景的美好期望与团队内部人心的统一都是非常重要的，但同时美好的愿望和团结的情感也很容易被失败毁掉，这也是为什么很多企业在开展了大量的领导力学习后感慨效果不理想的原因。笔者在此处的观点是，必须通过一个又一个的胜利，为你的团队注入“乐此不疲”的灵魂，这个灵魂放在苹果这样的公司里，就是创新的能力；放在华为这样的公司中，就是艰苦奋斗的精神；放在研究院这样的研究型组织里，就是不断探索的好奇心。

笔者往往会在培训课程中设计一系列的项目障碍，让学员进行头脑风暴，提出解决办法并尝试着手解决。一般来说，团队大多会整体呈现出两类行事风格——一类是思考型，注重绩效结果并乐于追求高效的方法，热衷于不断闪现的工作灵感，他们喜欢在实现或超出目标时进行奖励；而另一类则是控制型，注重成本和进度，他们更看重对成本的控制，热衷于流程和严谨翔实的文档，遵守程序和等级，喜欢在项目成本和进度上进行奖励。

在控制型管理团队中，管理者看重成本，对绩效的要求只需要维持在可接受的最低水平就可以，管理层压缩项目时间的目的是压缩成本。如果赞助方也是控制型的，那么它就会因为成本的增长取消项目或者解雇项目经理。

这个行为习惯的区分与风格总结，在训练中体现得更加明显。在这里笔者想要让大家了解到的就是，团队有行为风格，员工个体也是一样的。控制型管理者更看重自己对项目的掌控，他们关注项目进度和人均成本，他们总是对进度的进展提出更高的期望，这必然会为成员带来压迫感，而思考型的管理者更多关注的是新技术和项目未来的愿景。

案例46

李新的辞职

大成公司销售部经理李新从走马上任到现在刚好1年时间。李新原来已经在大成公司工作2年了，他的业务水平处于中上游。由于为人谦逊、思维敏捷、善于分析，很快就在该分区逐步形成了一套十分有特色的“IT产品销售网络图”，得到了总经理的器重，总经理力排众议，破格提升李新为销售部经理。上任伊始，李新由于其原业绩并非十分突出，引起了公司上下许多销售人员的非议。但李新并没有畏缩不前，而是根据自己的想法和掌握的市场时间、状况，重新制定了吻合市场需求的策略，并同人力资源部在工资和奖金制度上采取了与销售业绩直接挂钩的更为灵活的激励模式，逐步得到了上级和下属的认同，在1年的时间内将原有的销售业绩猛增了近80%。

年末，李新与其下属均得到了公司的表扬。李新的下属都得到了“价值不菲”的红包，而他本人却仅仅得到了一个“不大不小”的红包。李新心里十分不是滋味，在业界取得了这般的成绩，其各方面待遇理应达到当前水平的2倍，且可以享有15天的带薪假日。于是其随即以“付出与所得不相称”为由向总经理提出异议，而总经理则以“作为部门经理，提高本部门业绩是分内之事”这一理由作为解释，二人最终不欢而散。7天后李新辞职跳槽至竞争对手的公司任销售部经理，其薪金也随之增长了2倍。

案例分析：

问：孙老师，您认为李新的情况是什么原因导致的？您如何看待团队内部的同类事件呢？

答：这个问题问得好，因为你提到了要从团队管理的层面去看，这才是解决问题的正确角度，如果局限在个体利益的得失层面，就很难给大家以启发。

问：谢谢老师，那么应该如何去解读这个问题的形成原因和解决方案呢？

答：案例中的李新很明显是很多职场人的代表，他们有出色的才干，既能打拼又能创造业绩，但是他们往往没得到很好的发展机会。千里马难遇伯乐的抱怨和明珠暗投的不甘是职场中常见的问题。出现这样的问题原因何在呢？作为团队的领导者或者管理者，我们该如何规避错失人才和人才流失的悲剧呢？关键要看个体发展与组织发展的契合度。上述案例中的李新上司，能够慧眼识英才，发现李新的才干和价值，并且力排众议破格提拔他，说明这个领导是有魄力的，我们也能够发现，这个领导属于思考型领导，善于发现有价值的理念和方法，对于创新和前景充满热情，于是李新就成了他追求创新和高绩效过程中的亮点。但是组织是根据结果设定奖惩标准的，领导者往往会在年底综合员工全年的表现，给出一个在他看来适当的结果。这一点和控制型领导注重过程中的奖励不同。

我们在阅读案例时也会有一个被影响的可能，就是站在李新的角度上看问题，实际上，李新很有可能在冲高业绩的时候，有许多做得不好的地方，可能这些地方他自己不清楚，而上司作为旁观者，对于李新的不足之处看得会更清楚。于是在年底的评估奖励时，李新感觉自己没有得到应有的重视，包括他看重的带薪休假诉求没有得到满足。

问：您的意思是李新对带薪休假很看重？

答：是的，思考型领导的风格很容易忽略这些，因为他更关注高绩效，认为过程和结果是密不可分的，所以案例中的总经理才说提升部门业绩是李新应该做的。

问：您这么一分析，我觉得确实如此，那么这个问题该如何有效地解决呢？

答：这恰是团队领导者需要不断修炼自己的地方。在我们的课程体系中对管理者的管理风格进行了系统的划分，在这里笔者必须提出，经理人的修炼就是一个不断让你发挥长处，弥补短板的过程。有些理论和书籍鼓励人们发挥长处，却不注重修补短板，因此会对人产生很大的误导作用。你是领导者，就必须要让你的行为和举措对团队产生最大化的正面影响，如果你的优点、缺点都很鲜明，有得分项，也有失分项，整体得分不高，那笔者想你可能还不是一个成熟的领导者。

问：我非常认同您的说法，那么我们具体该怎么做呢？

答：就这个案例来说，总经理必须要弥补自己在控制型管理方式上的不足，也就是你必须要关注过程，及时肯定员工的贡献，关注程序的制定标准，让团队成员感受环境的公平性，甚至于感受到团队的良好氛围，比如关心员工的日常生活，用这些方法去留住人才甚至比高薪酬更具吸引力。假设案例46中的总经理能经常肯定李新的工作，并在李新的工作过程中给予关注和指导，及时满足他的休假诉求，让他感觉到公平，那么笔者认为这个优秀的人才很可能就不会流失了。

The Leadership Challenge of Lion's Share

附　录　思维导图

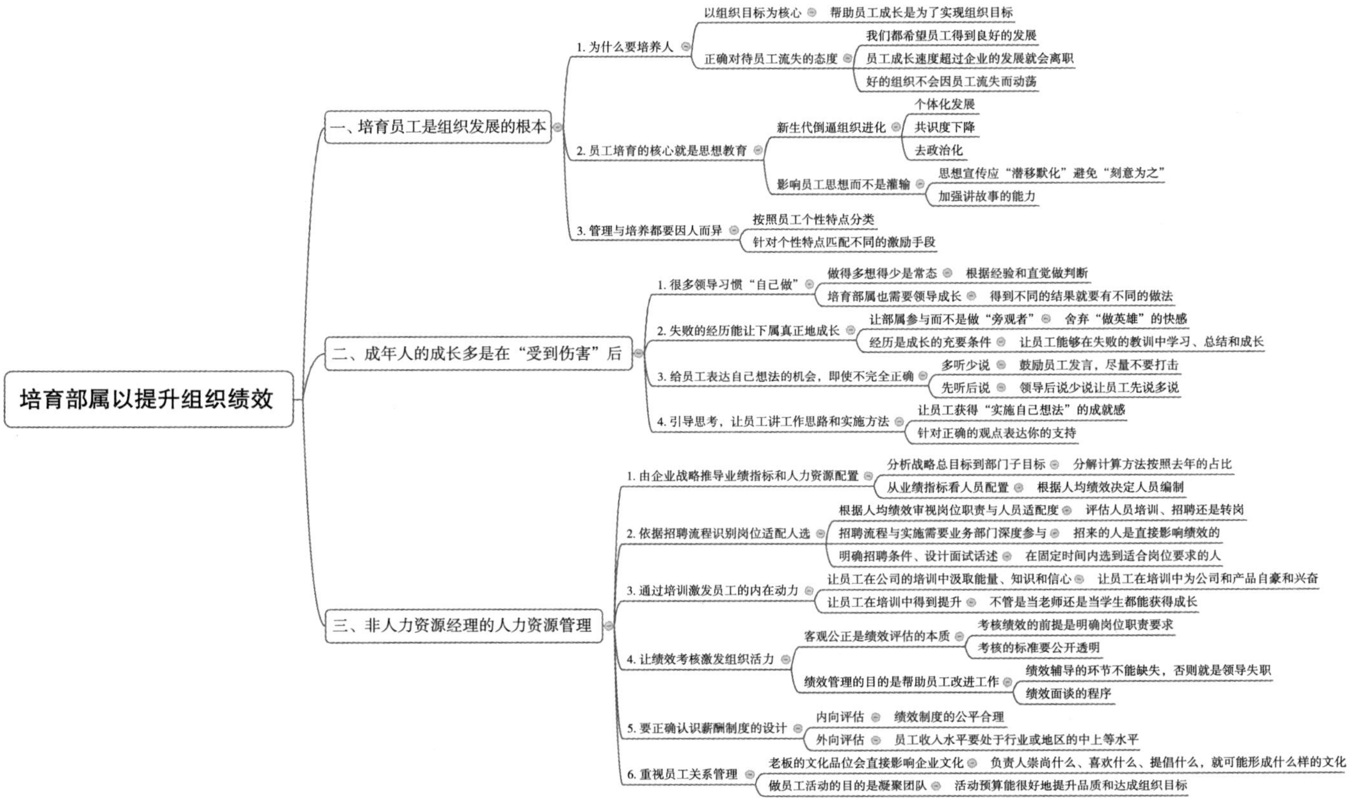
培育部属以提升组织绩效
一、培育员工是组织发展的根本
1. 为什么要培养人
以组织目标为核心
帮助员工成长是为了实现组织目标
正确对待员工流失的态度
我们都希望员工得到良好的发展
员工成长速度超过企业的发展就会离职
好的组织不会因员工流失而动荡
2. 员工培育的核心就是思想教育
新生代倒逼组织进化
个体化发展
共识度下降
去政治化
影响员工思想而不是灌输
思想宣传应“潜移默化”避免“刻意为之”
加强讲故事的能力
3. 管理与培养都要因人而异
按照员工个性特点分类
针对个性特点匹配不同的激励手段
二、成年人的成长多是在“受到伤害”后
1. 很多领导习惯“自己做”
做得多想得少是常态
根据经验和直觉做判断
培育部属也需要领导成长
得到不同的结果就要有不同的做法
2. 失败的经历能让下属真正地成长
让部属参与而不是做“旁观者”
舍弃“做英雄”的快感
经历是成长的充要条件
让员工能够在失败的教训中学习、总结和成长
3. 给员工表达自己想法的机会，即使不完全正确
多听少说
鼓励员工发言，尽量不要打击
先听后说
领导后说少说让员工先说多说
4. 引导思考，让员工讲工作思路和实施方法
让员工获得“实施自己想法”的成就感
针对正确的观点表达你的支持
三、非人力资源经理的人力资源管理
1. 由企业战略推导业绩指标和人力资源配置
分析战略总目标到部门子目标
分解计算方法按照去年的占比
从业绩指标看人员配置
根据人均绩效决定人员编制
2. 依据招聘流程识别岗位适配人选
根据人均绩效审视岗位职责与人员适配度
评估人员培训、招聘还是转岗
招聘流程与实施需要业务部门深度参与
招来的人是直接影响绩效的
明确招聘条件、设计面试话述
在固定时间内选到适合岗位要求的人
3. 通过培训激发员工的内在动力
让员工在公司的培训中汲取能量、知识和信心
让员工在培训中为公司和产品自豪和兴奋
让员工在培训中得到提升
不管是当老师还是当学生都能获得成长
4. 让绩效考核激发组织活力
客观公正是绩效评估的本质
考核绩效的前提是明确岗位职责要求
考核的标准要公开透明
绩效管理的目的是帮助员工改进工作
绩效辅导的环节不能缺失，否则就是领导失职
绩效面谈的程序
5. 要正确认识薪酬制度的设计
内向评估
绩效制度的公平合理
外向评估
员工收入水平要处于行业或地区的中上等水平
6. 重视员工关系管理
老板的文化品位会直接影响企业文化
负责人崇尚什么、喜欢什么、提倡什么，就可能形成什么样的文化
做员工活动的目的是凝聚团队
活动预算能很好地提升品质和达成组织目标

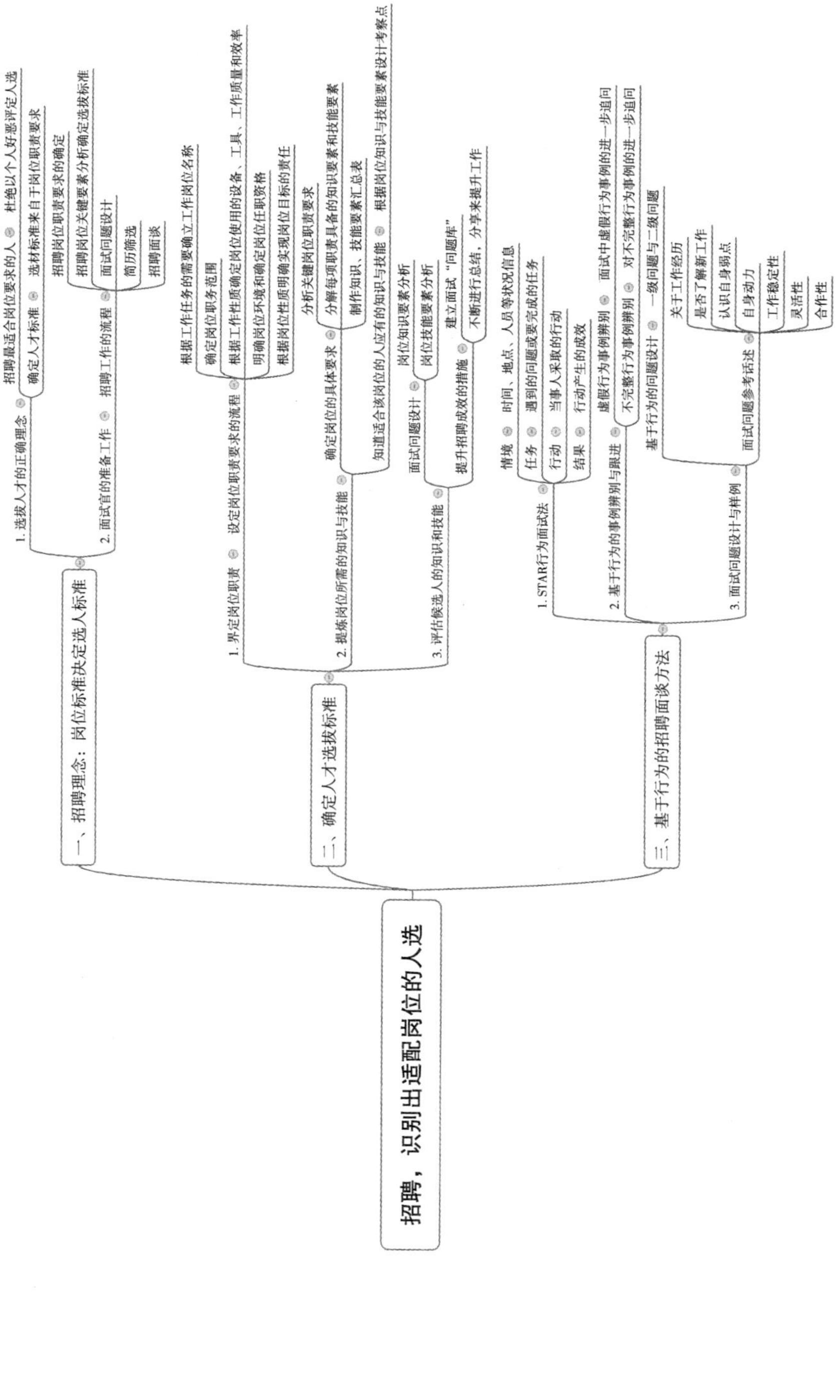
招聘，识别出适配岗位的人选
一、招聘理念：岗位标准决定选人标准
1. 选拔人才的正确理念
招聘最适合岗位要求的人
杜绝以个人好恶评定人选
确定人才标准
选材标准来自于岗位职责要求
2. 面试官的准备工作
招聘工作的流程
招聘岗位职责要求的确定
招聘岗位关键要素分析确定选拔标准
面试问题设计
简历筛选
招聘面谈
二、确定人才选拔标准
1. 界定岗位职责
设定岗位职责要求的流程
根据工作任务的需要确立工作岗位名称
确定岗位职务范围
根据工作性质确定岗位使用的设备、工具、工作质量和效率
明确岗位环境和确定岗位任职资格
根据岗位性质明确实现岗位目标的责任
2. 提炼岗位所需的知识与技能
确定岗位的具体要求
分析关键岗位职责要求
分解每项职责具备的知识要素和技能要素
制作知识、技能要素汇总表
知道适合该岗位的人应有的知识与技能
根据岗位知识与技能要素设计考察点
3. 评估候选人的知识和技能
面试问题设计
岗位知识要素分析
岗位技能要素分析
提升招聘成效的措施
建立面试“问题库”
不断进行总结，分享来提升工作
三、基于行为的招聘面谈方法
1. STAR行为面试法
情境
时间、地点、人员等状况信息
任务
遇到的问题或要完成的任务
行动
当事人采取的行动
结果
行动产生的成效
2. 基于行为的事例辨别与跟进
虚假行为事例辨别
面试中虚假行为事例的进一步追问
不完整行为事例辨别
对不完整行为事例的进一步追问
3. 面试问题设计与样例
基于行为的问题设计
一级问题与二级问题
面试问题参考话法
关于工作经历
是否了解新工作
认识自身弱点
自身动力
工作稳定性
灵活性
合作性

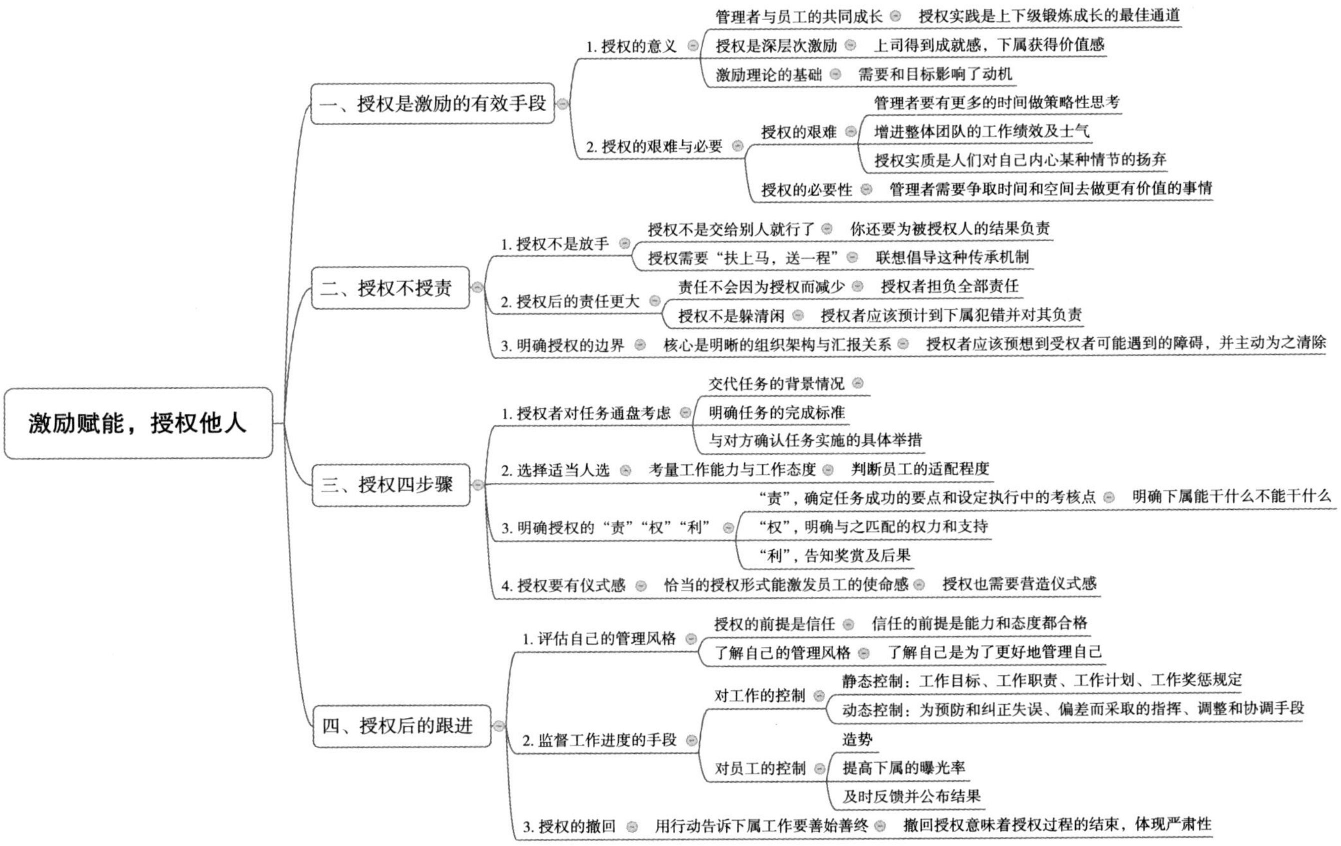
激励赋能，授权他人
一、授权是激励的有效手段
1. 授权的意义
管理者与员工的共同成长
授权实践是上下级锻炼成长的最佳通道
授权是深层次激励
上司得到成就感，下属获得价值感
激励理论的基础
需要和目标影响了动机
2. 授权的艰难与必要
授权的艰难
管理者要有更多的时间做策略性思考
增进整体团队的工作绩效及士气
授权实质是人们对自己内心某种情节的扬弃
授权的必要性
管理者需要争取时间和空间去做更有价值的事情
二、授权不授责
1. 授权不是放手
授权不是交给别人就行了
你还要为被授权人的结果负责
授权需要“扶上马，送一程”
联想倡导这种传承机制
2. 授权后的责任更大
责任不会因为授权而减少
授权者担负全部责任
授权不是躲清闲
授权者应该预计到下属犯错并对其负责
3. 明确授权的边界
核心是明晰的组织架构与汇报关系
授权者应该预想到受权者可能遇到的障碍，并主动为之清除
三、授权四步骤
1. 授权者对任务通盘考虑
交代任务的背景情况
明确任务的完成标准
与对方确认任务实施的具体举措
2. 选择适当人选
考量工作能力与工作态度
判断员工的适配程度
3. 明确授权的“责”“权”“利”
“责”，确定任务成功的要点和设定执行中的考核点
明确下属能干什么不能干什么
“权”，明确与之匹配的权力和支持
“利”，告知奖赏及后果
4. 授权要有仪式感
恰当的授权形式能激发员工的使命感
授权也需要营造仪式感
四、授权后的跟进
1. 评估自己的管理风格
授权的前提是信任
信任的前提是能力和态度都合格
了解自己的管理风格
了解自己是为了更好地管理自己
2. 监督工作进度的手段
对工作的控制
静态控制：工作目标、工作职责、工作计划、工作奖惩规定
动态控制：为预防和纠正失误、偏差而采取的指挥、调整和协调手段
对员工的控制
造势
提高下属的曝光率
及时反馈并公布结果
3. 授权的撤回
用行动告诉下属工作要善始善终
撤回授权意味着授权过程的结束，体现严肃性

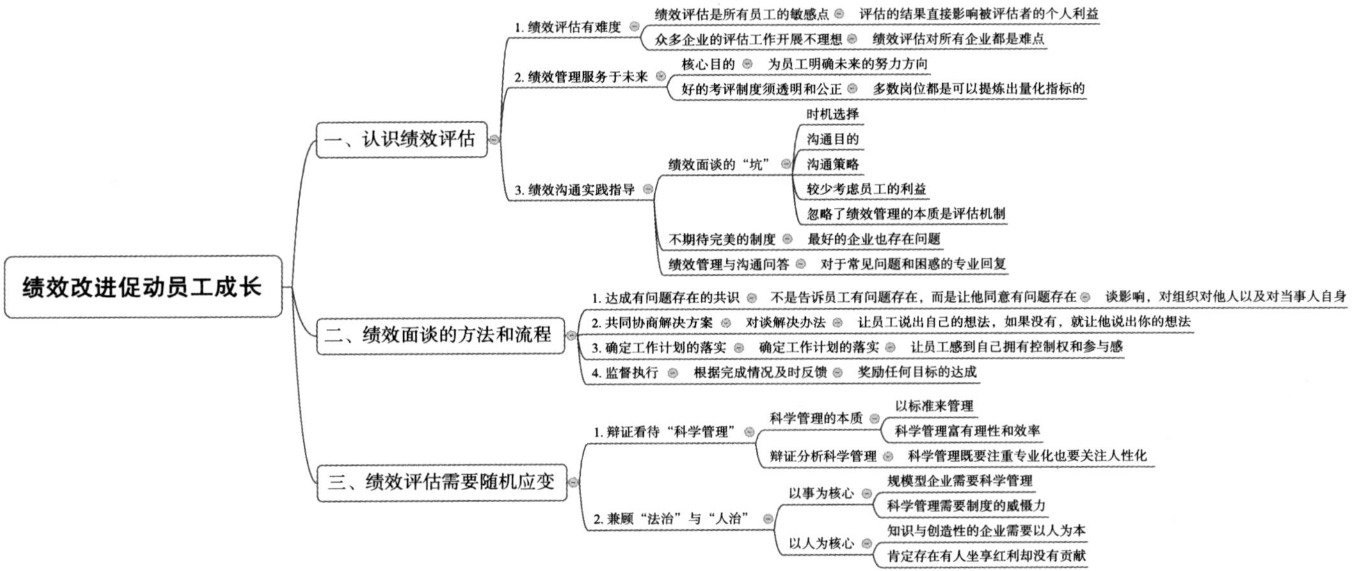
绩效改进促动员工成长
一、认识绩效评估
1. 绩效评估有难度
绩效评估是所有员工的敏感点
评估的结果直接影响被评估者的个人利益
众多企业的评估工作开展不理想
绩效评估对所有企业都是难点
2. 绩效管理服务于未来
核心目的
为员工明确未来的努力方向
好的考评制度须透明和公正
多数岗位都是可以提炼出量化指标的
3. 绩效沟通实践指导
绩效面谈的“坑”
时机选择
沟通目的
沟通策略
较少考虑员工的利益
忽略了绩效管理的本质是评估机制
不期待完美的制度
最好的企业也存在问题
绩效管理与沟通问答
对于常见问题和困惑的专业回复
二、绩效面谈的方法和流程
1. 达成有问题存在的共识
不是告诉员工有问题存在，而是让他同意有问题存在
谈影响，对组织对他人以及对当事人自身
2. 共同协商解决方案
对谈解决办法
让员工说出自己的想法，如果没有，就让他说出你的想法
3. 确定工作计划的落实
确定工作计划的落实
让员工感到自己拥有控制权和参与感
4. 监督执行
根据完成情况及时反馈
奖励任何目标的达成
三、绩效评估需要随机应变
1. 辩证看待“科学管理”
科学管理的本质
以标准来管理
科学管理富有理性和效率
辩证分析科学管理
科学管理既要注重专业化也要关注人性化
2. 兼顾“法治”与“人治”
以事为核心
规模型企业需要科学管理
科学管理需要制度的威慑力
以人为核心
知识与创造性的企业需要以人为本
肯定存在有人坐享红利却没有贡献

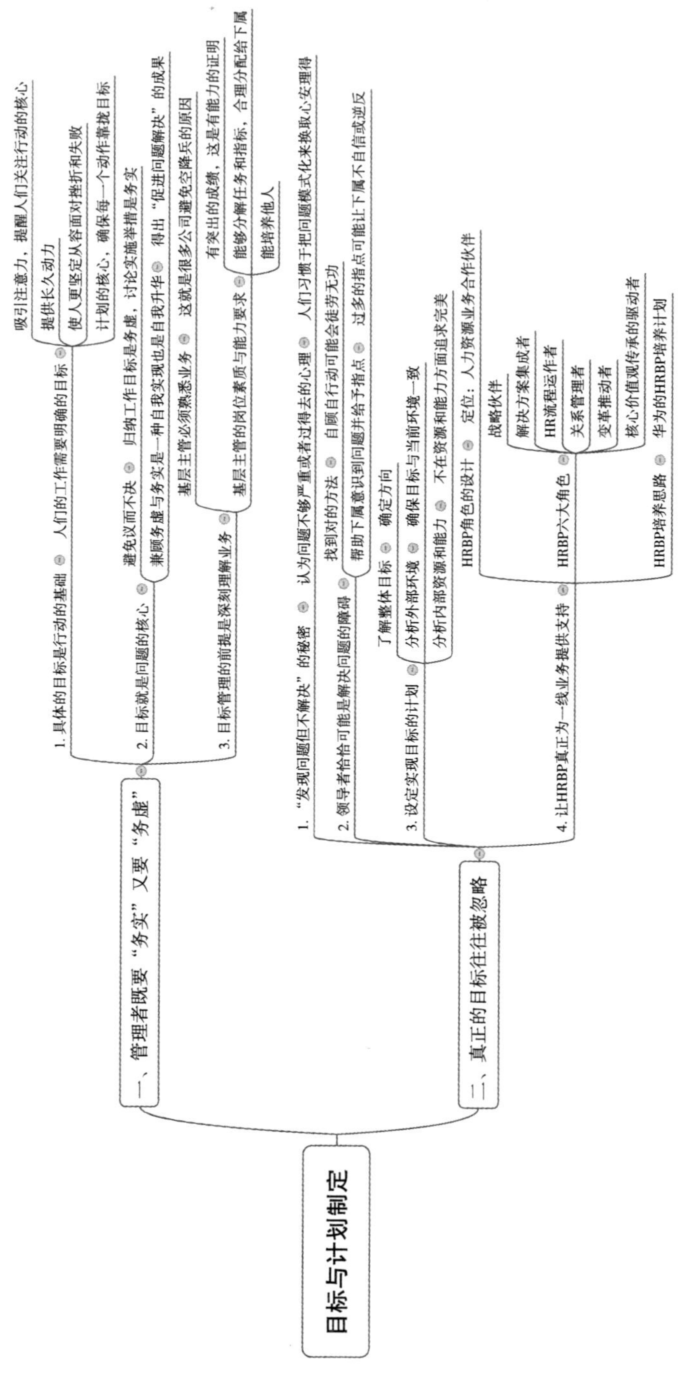
目标与计划制定
一、管理者既要“务实”又要“务虚”
1. 具体的目标是行动的基础
人们的工作需要明确的目标
吸引注意力，提醒人们关注行动的核心
提供长久动力
使人更坚定从容面对挫折和失败
计划的核心，确保每一个动作靠拢目标
2. 目标就是问题的核心
避免议而不决
归纳工作目标是务虚，讨论实施举措是务实
兼顾务虚与务实是一种自我实现也是自我升华
得出“促进问题解决”的成果
3. 目标管理的前提是深刻理解业务
基层主管必须熟悉业务
这就是很多公司避免空降兵的原因
基层主管的岗位素质与能力要求
有突出的成绩，这是有能力的证明
能够分解任务和指标，合理分配给下属
能培养他人
二、真正的目标往往被忽略
1. “发现问题但不解决”的秘密
认为问题不够严重或者过得去的心理
人们习惯于把问题模式化来换取心安理得
2. 领导者恰恰可能是解决问题的障碍
找到对的方法
自顾自行动可能会徒劳无功
帮助下属意识到问题并给予指点
过多的指点可能让下属不自信或逆反
3. 设定实现目标的计划
了解整体目标
确定方向
分析外部环境
确保目标与当前环境一致
分析内部资源和能力
不在资源和能力方面追求完美
4. 让HRBP真正为一线业务提供支持
HRBP角色的设计
定位：人力资源业务合作伙伴
HRBP六大角色
战略伙伴
解决方案集成者
HR流程运作者
关系管理者
变革推动者
核心价值观传承的驱动者
HRBP培养思路
华为的HRBP培养计划

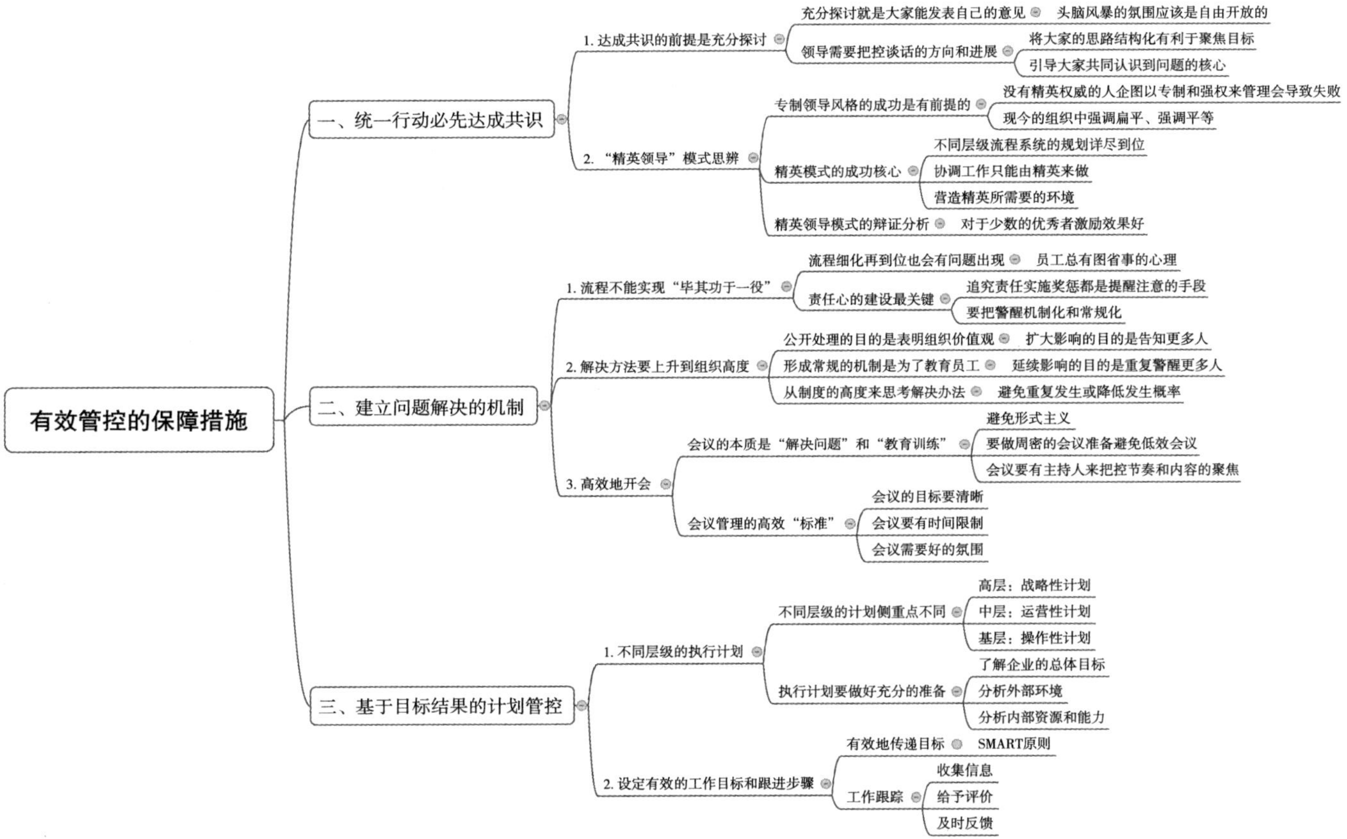

有效管控的保障措施
一、统一行动必先达成共识
1. 达成共识的前提是充分探讨
充分探讨就是大家能发表自己的意见
头脑风暴的氛围应该是自由开放的
领导需要把控谈话的方向和进展
将大家的思路结构化有利于聚焦目标
引导大家共同认识到问题的核心
2. “精英领导”模式思辨
专制领导风格的成功是有前提的
没有精英权威的人企图以专制和强权来管理会导致失败
现今的组织中强调扁平、强调平等
精英模式的成功核心
不同层级流程系统的规划详尽到位
协调工作只能由精英来做
营造精英所需要的环境
精英领导模式的辩证分析
对于少数的优秀者激励效果好
二、建立问题解决的机制
1. 流程不能实现“毕其功于一役”
流程细化再到位也会有问题出现
员工总有图省事的心理
责任心的建设最关键
追究责任实施奖惩都是提醒注意的手段
要把警醒机制化和常规化
2. 解决方法要上升到组织高度
公开处理的目的是表明组织价值观
扩大影响的目的是告知更多人
形成常规的机制是为了教育员工
延续影响的目的是重复警醒更多人
从制度的高度来思考解决办法
避免重复发生或降低发生概率
3. 高效地开会
会议的本质是“解决问题”和“教育训练”
避免形式主义
要做周密的会议准备避免低效会议
会议要有主持人来把控节奏和内容的聚焦
会议管理的高效“标准”
会议的目标要清晰
会议要有时间限制
会议需要好的氛围
三、基于目标结果的计划管控
1. 不同层级的执行计划
不同层级的计划侧重点不同
高层：战略性计划
中层：运营性计划
基层：操作性计划
执行计划要做好充分的准备
了解企业的总体目标
分析外部环境
分析内部资源和能力
2. 设定有效的工作目标和跟进步骤
有效地传递目标
SMART原则
工作跟踪
收集信息
给予评价
及时反馈

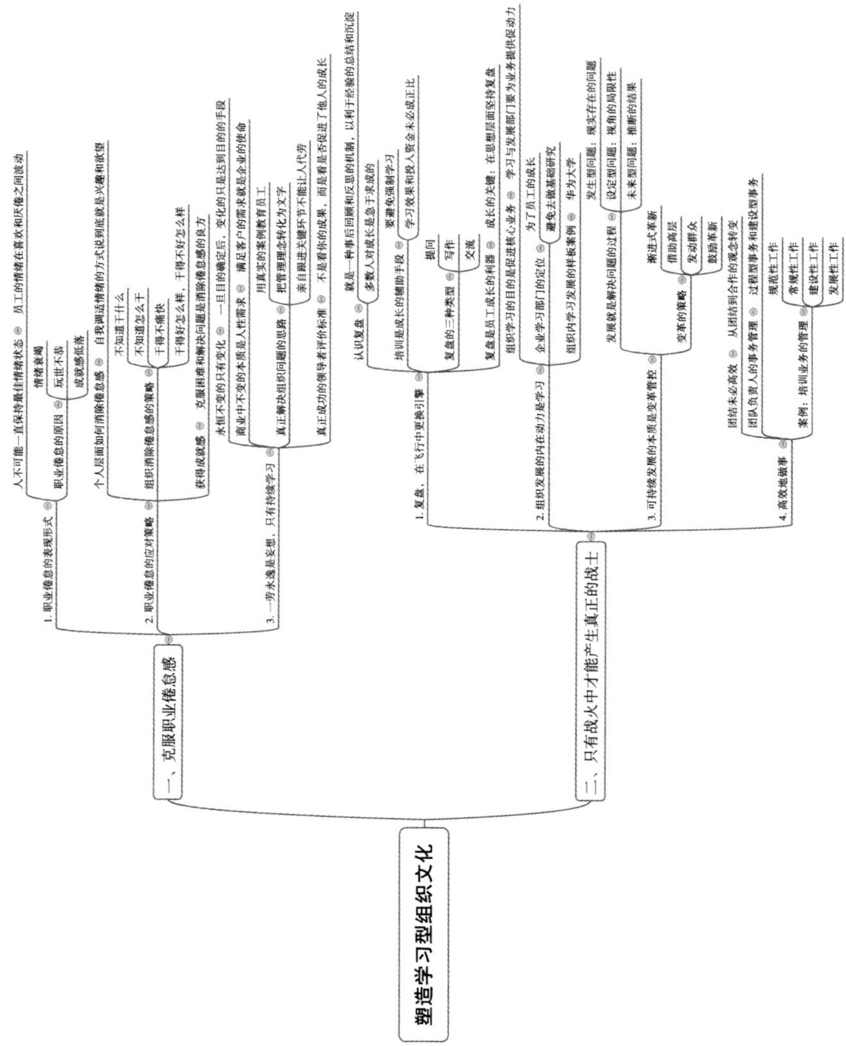
塑造学习型组织文化
一、克服职业倦怠感
1. 职业倦怠的表现形式
人不可能一直保持最佳情绪状态
员工的情绪在喜欢和厌倦之间波动
职业倦怠的原因
情绪衰竭
玩世不恭
成就感低落
2. 职业倦怠的应对策略
个人层面如何消除倦怠感
自我调适情绪的方式说到底就是兴趣和欲望
组织消除倦怠感的策略
不知道干什么
不知道怎么干
干得不痛快
干得好怎么样，干得不好怎么样
获得成就感
克服困难和解决问题是消除倦怠感的良方
3. 一劳永逸是妄想，只有持续学习
永恒不变的只有变化
一旦目的确定后，变化的只是达到目的的手段
商业中不变的本质是人性需求
满足客户的需求就是企业的使命
真正解决组织问题的思路
用真实的案例教育员工
把管理理念转化为文字
亲自跟进关键环节不能让人代劳
真正成功的领导者评价标准
不是看你的成果，而是看是否促进了他人的成长
二、只有战火中才能产生真正的战士
1. 复盘，在飞行中更换引擎
认识复盘
就是一种事后回顾和反思的机制，以利于经验的总结和沉淀
多数人对成长是急于求成的
培训是成长的辅助手段
要避免强制学习
学习效果和投入资金未必成正比
复盘的三种类型
提问
写作
交流
复盘是员工成长的利器
成长的关键：在思想层面坚持复盘
2. 组织发展的内在动力是学习
组织学习的目的是促进核心业务
学习与发展部门要为业务提供促动力
企业学习部门的定位
为了员工的成长
避免去做基础研究
组织内学习发展的样板案例
华为大学
3. 可持续发展的本质是变革管控
发展就是解决问题的过程
发生型问题：现实存在的问题
设定型问题：视角的局限性
未来型问题：推断的结果
变革的策略
渐进式革新
借助高层
发动群众
鼓励革新
4. 高效地做事
团结未必高效
从团结到合作的观念转变
团队负责人的事务管理
过程型事务和建设型事务
案例：培训业务的管理
规范性工作
常规性工作
建设性工作
发展性工作

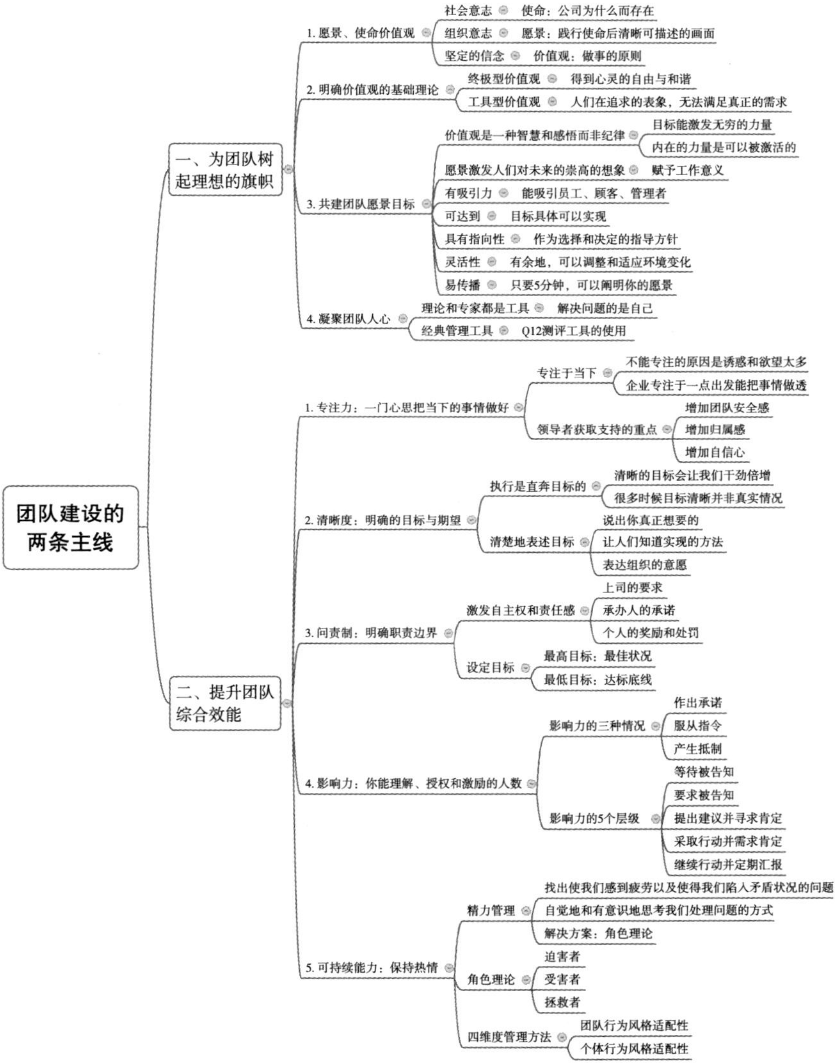
团队建设的两条主线
一、为团队树起理想的旗帜
1. 愿景、使命价值观
社会意志
使命：公司为什么而存在
组织意志
愿景：践行使命后清晰可描述的画面
坚定的信念
价值观：做事的原则
2. 明确价值观的基础理论
终极型价值观
得到心灵的自由与和谐
工具型价值观
人们在追求的表象，无法满足真正的需求
3. 共建团队愿景目标
价值观是一种智慧和感悟而非纪律
目标能激发无穷的力量
内在的力量是可以被激活的
愿景激发人们对未来的崇高的想象
赋予工作意义
有吸引力
能吸引员工、顾客、管理者
可达到
目标具体可以实现
具有指向性
作为选择和决定的指导方针
灵活性
有余地，可以调整和适应环境变化
易传播
只要5分钟，可以阐明你的愿景
4. 凝聚团队人心
理论和专家都是工具
解决问题的是自己
经典管理工具
Q12测评工具的使用
二、提升团队综合效能
1. 专注力：一门心思把当下的事情做好
专注于当下
不能专注的原因是诱惑和欲望太多
企业专注于一点出发能把事情做透
领导者获取支持的重点
增加团队安全感
增加归属感
增加自信心
2. 清晰度：明确的目标与期望
执行是直奔目标的
清晰的目标会让我们干劲倍增
很多时候目标清晰并非真实情况
清楚地表述目标
说出你真正想要的
让人们知道实现的方法
表达组织的意愿
3. 问责制：明确职责边界
激发自主权和责任感
上司的要求
承办人的承诺
个人的奖励和处罚
设定目标
最高目标：最佳状况
最低目标：达标底线
4. 影响力：你能理解、授权和激励的人数
影响力的三种情况
作出承诺
服从指令
产生抵制
影响力的5个层级
等待被告知
要求被告知
提出建议并寻求肯定
采取行动并需求肯定
继续行动并定期汇报
5. 可持续能力：保持热情
精力管理
找出使我们感到疲劳以及使得我们陷入矛盾状况的问题
自觉地和有意识地思考我们处理问题的方式
解决方案：角色理论
角色理论
迫害者
受害者
拯救者
四维度管理方法
团队行为风格适配性
个体行为风格适配性

图书在版编目 (CIP) 数据

中层领导力训战：教练员工成长并产生高绩效 / 孙春岭著 .—北京：中国法制出版社，2020.12
（卓越领导力系列丛书）
ISBN 978-7-5216-1462-6

Ⅰ.①中…　Ⅱ.①孙…　Ⅲ.①企业领导学　Ⅳ.① F272.91

中国版本图书馆 CIP 数据核字（2020）第 225823 号

策划编辑：潘孝莉
责任编辑：刘　悦（editor_liuyue@163.com）　封面设计：汪要军

中层领导力训战：教练员工成长并产生高绩效
ZHONGCENG LINGDAOLI XUNZHAN：JIAOLIAN YUANGONG CHENGZHANG BING CHANSHENG GAO JIXIAO

著者 / 孙春岭
经销 / 新华书店
印刷 / 三河市国英印务有限公司
开本 / 710 毫米 ×1000 毫米　16 开　印张 / 17　字数 / 210 千
版次 / 2020 年 12 月第 1 版　2020 年 12 月第 1 次印刷

中国法制出版社出版
书号 ISBN 978-7-5216-1462-6　定价：69.00 元

北京西单横二条 2 号　邮政编码 100031　传真：010-66031119
网址：http://www.zgfzs.com　编辑部电话：010-66073673
市场营销部电话：010-66033393　邮购部电话：010-66033288
（如有印装质量问题，请与本社印务部联系调换。电话：010-66032926）